我的父亲 与中国硅钢六十年

My Father and China Silicon Steel for 60 Years

口述 方大卫　方 方　方 琳

采写 常恩满

编审 陶济群　陈 卓

北 京
冶 金 工 业 出 版 社
2024

内 容 提 要

本书讲述了国家硅钢工程技术中心原技术顾问、中国金属学会电工钢分会原顾问、武钢专家委员会原委员、终身享受国务院特殊津贴的硅钢技术专家方泽民的生平及其在中国硅钢六十年发展过程中的心路历程和作出的重要成果。

本书可供从事硅钢生产、科研、应用、管理等工作的有关人员阅读。

图书在版编目(CIP)数据

我的父亲与中国硅钢六十年/方大卫，方方，方琳口述；常恩满采写；陶济群，陈卓编审 . —北京：冶金工业出版社，2024.3

ISBN 978-7-5024-9806-1

Ⅰ.①我… Ⅱ.①方… ②方… ③方… ④常… ⑤陶… ⑥陈…
Ⅲ.①方泽民—事迹 ②硅钢—冶金工业—概况—中国 Ⅳ.①K826.16
②F426.32

中国国家版本馆 CIP 数据核字(2024)第 057610 号

我的父亲与中国硅钢六十年

出版发行	冶金工业出版社	电　话	(010)64027926
地　址	北京市东城区嵩祝院北巷 39 号	邮　编	100009
网　址	www.mip1953.com	电子信箱	service@mip1953.com

责任编辑　李培禄　美术编辑　彭子赫　版式设计　郑小利
责任校对　郑　娟　责任印制　窦　唯
北京捷迅佳彩印刷有限公司印刷
2024 年 3 月第 1 版，2024 年 3 月第 1 次印刷
710mm×1000mm　1/16；8.75 印张；111 千字；125 页
定价 75.00 元

投稿电话　(010)64027932　投稿信箱　tougao@cnmip.com.cn
营销中心电话　(010)64044283
冶金工业出版社天猫旗舰店　yjgycbs.tmall.com
(本书如有印装质量问题，本社营销中心负责退换)

　　我的父亲方泽民，中共党员、教授级高级工程师、国家硅钢工程技术研究中心原技术顾问、武钢专家委员会原委员、中国金属学会电工钢分会原顾问、终身享受国务院特殊津贴的硅钢技术专家。

　　方泽民 1930 年 6 月 1 日出生于浙江建德。1950 年考入东北工学院（现东北大学）机械系热工专业，毕业后分配到鞍山钢铁公司第二薄板厂工作。1974 年从鞍钢调往武钢硅钢厂工作，1986 年在武钢钢铁研究所工作，1994 年在武钢总工办工作，1998 年在武汉钢铁股份有限公司工作，2008 年在国家硅钢工程技术中心工作。长期从事硅钢研究工作。"十五"末参加了中国科学院、中国工程院联合编写的"国务院提供'十一五'期间国家发展新材料的建议"，参与了《钢的质量现代进展》（冶金工业出版社出版，殷瑞钰主编）一书的编写工作。1990 年"'一米七'轧机系统新技术开发与创新"获国家科技进步奖特等奖，2008 年、2007 年"武钢取向硅钢制造技术自主创新与产业化""武钢硅钢品种与制造技术创新"获国家科技进步奖一等奖、湖北省科技进步奖特等奖、冶金部科技进步奖特等奖以及武钢授予的特殊贡献奖与事业成就奖等多项荣誉称号。

序言一

硅钢，是钢铁产品中的工艺品。它的独特之处，不仅在于其高端的技术工艺代表着国家钢铁工业的最高水平，其卓越的性能也在电力工业中发挥着重要的作用，更在国家经济的各个领域产生了深远的影响。

回顾中国硅钢的发展历程，我们可以看到这一产业的蓬勃发展和不断创新。1949 年新中国成立时，我国钢产量只有 15.8 万吨。当时，钢铁工业生产技术、装备相对落后，没有全套的冶炼和冷轧生产技术，也没有硅钢生产技术，更谈不上有满足国家经济建设的硅钢产业。1972 年 8 月，毛泽东主席和周恩来总理批准了国家计委《关于引进一米七轧机的报告》。之后，武钢（现为宝武集团青山基地）在外贸部、冶金部和湖北省建设武钢一米七轧机工程指挥部的领导下，开始一米七轧机系统的引进工作。1973 年签订合同，1975 年开始施工和生产准备，1978 年末试投产。从此，我国开创了冷轧硅钢生产的新纪元，在武钢诞生了我国第一家冷轧硅钢片厂。

20 世纪 50 年代到 1978 年，我国只能生产热轧硅钢片，每年需要使用大量外汇进口冷轧硅钢。1978 年后，我国冷轧硅钢开始快速发展，通过引进、消化、吸收和自主创新，从无到有，从小到大，从弱到强，取得了辉煌成就。一是冷轧硅钢产量从 1978 年的 7 万吨（其中取向硅钢 2.8 万吨、无取向硅钢 4.2 万吨）到 2022 年的 1469 万吨

（其中取向硅钢209万吨、无取向硅钢1260万吨），我国成为世界上最大的硅钢生产及消费大国；二是随着我国冷轧硅钢技术进步及规模的扩大，淘汰了落后产品——热轧硅钢片；三是我国硅钢不再依赖进口，从净进口国成为净出口国；四是我国冷轧硅钢品种全覆盖生产，完全能满足中国式现代化建设，特别是特高压、航天、轨道交通等重点领域用硅钢的需求，实现了国产化目标，使我国冷轧硅钢技术及产品质量走在世界前列。

从最初硅钢对外进口的依赖，到逐步独立自主，中国硅钢产业的发展可谓是一段扣人心弦的历程。在这个过程中，方泽民先生无疑是一位不可或缺的推动者和技术专家。他在中国硅钢领域的卓越贡献也将在本书中得到充分展现。方老先生长期深扎硅钢一线工作，使得他在热轧硅钢片、冷轧硅钢片等产品领域积累了丰富的生产技术经验，他的深度研究和技术创新为中国硅钢产业的快速发展提供了坚实的理论和实践支持。方老先生一生都对硅钢事业怀有深深的热情，他将自己的全部心力倾注于硅钢技术的研究和推动我国硅钢产业的发展，从技术员开始，逐步成为工程师、教授级高工、总工程师，并担任厂长和所长等职务，他每一个阶段都脚踏实地。他带领团队无数次深入市场调研攻关，通过创新攻破了一个又一个技术难题，哪怕年过八旬也依然保持着对硅钢事业的热情和执着，坚持亲自跑市场、下工厂、做实验，亲身参与各个环节的工作。这种不断学习和实践的精神，使他保持着锐利的思维和对技术的敏锐洞察力。他以自身的行动证明了对事业的执着和奉献精神，他的故事将激励更多人投身于推动技术进步和行业发展中，为我国的经济繁荣做出更大的贡献。

《我的父亲与中国硅钢六十年》一书的出版，使我们得以了解到方泽民老先生作为一位中共党员、教授级高级工程师以及享受国务院特殊津贴的杰出人物所经历的精彩人生，同时也领略到其中一些感人而值得学习的生动故事。这本书的问世实现了方老先生的一份遗愿，希望他的故事能够激励和启迪更多的人。同时，也十分怀念这位长期工作在钢铁战线上的老战士和为硅钢事业默默工作的老知识分子。

2024年正值冷轧硅钢在我国扎根、开花、结硕果整五十年。五十年来，硅钢人创造出了中国速度、中国奇迹和世界级的辉煌成就。当前，我国硅钢产业正迎来前所未有的发展机遇，同时也面临着结构转型和升级的挑战。随着固定资产投资的增加和新能源、物联网、轨道交通、新能源汽车、绿色家电以及其他新兴领域的快速发展，国内外对硅钢的需求将在相当长时间内保持在较高水平。然而，由于产能扩张和结构性过剩，企业将面临更加激烈的竞争环境，优胜劣汰已成为必然趋势。未来，硅钢行业将朝着高端化、智能化、绿色化的方向发展。

在"双碳"背景下，我国硅钢的发展要紧跟国家产业政策，特别是聚焦八大新兴产业和九大未来产业，做好如下工作：

一是大力开发绿色节能电气装备用高性能低成本的硅钢产品，满足国家节能减排的政策需要；

二是集中力量研究前沿技术和开发关键领域产品，如高端软磁材料、快速自黏结涂层、复合硅钢、新型智能制造硅钢、铁心应用技术等；

三是加快设备改造升级和新建高端产品生产线，开展工艺优化、冶炼技术攻关，实现产线提速，应用磁畴细化技术等，力争"十五五"实现中、高端产品总量占60%以上的目标；

四是调整产业结构，淘汰低端产品和产能，重点发展新能源汽车用高牌号硅钢、节能变压器用高磁感取向硅钢、高效电机用高牌号硅钢、变频家电用高牌号硅钢、中高频极薄硅钢产品、高强度硅钢（含新一代非晶等软磁材料）、新型绝缘涂层硅钢产品、新领域和新产业用特殊高牌号硅钢等，禁止或减少使用"二次油片和黑板"或非标产品；

五是产品标准引领行业高质量发展，加强硅钢产品标准的管控力度。

我深信，《我的父亲与中国硅钢六十年》一书的出版将会受到硅钢产业的广泛认可和欢迎，这本书将为我们全面总结中国冷轧硅钢的发展史提供宝贵经验，发挥一定的借鉴及帮助作用。同时我也对未来中国硅钢产业的发展充满期待，我相信，将有越来越多的技术专家在冷轧硅钢领域继续努力探索，并以百折不挠、奋发有为的精神，引领着硅钢产业朝着高端化、智能化、绿色化发展目标迈进。

中国钢铁工业协会党委书记、执行会长　　何文波

2024 年春

序言二

　　方泽民先生是东北大学的杰出校友，他于 1950 年在东北工学院（现东北大学）机械系学习，毕业后分配到鞍山钢铁公司，1974 年调到武钢硅钢片厂工作。作为老学长，方泽民先生在中华人民共和国成立之初就投身钢铁生产一线，20 世纪 70 年代为了国家钢铁产业发展新布局，义无反顾地从东北举家南迁到华中，将毕生心血和智慧献给了新中国的钢铁建设事业，为我国硅钢发展做出了卓越贡献，用实际行动践行了一个共产党员为党和人民奋斗终生的誓言。

　　他毕生的愿望是："要让世界硅钢发展历史刻上中国印记，就需要咱们中国人自己真正的硅钢工艺创新！"

　　我与方泽民先生的交情起源于 2008 年。当年实验室获批自然科学基金重大项目（薄带铸轧），在承担项目初期，通过探索薄带铸轧工艺特点，查阅大量文献资料，实地考察多家钢铁企业，最终将项目定位为硅钢生产。在这一过程中，我们了解到方泽民先生作为我国硅钢产业奠基人与先行者，是一位值得学习和敬佩的硅钢专家。他对技术的痴迷与执着，对硅钢生产技术的敏锐性和专业性，对硅钢生产研究的深度与广度，给我们留下了深刻的印象。记得是 2015 年，他到东北大学来谈薄带连铸生产硅钢技术，在交流中，他那种对硅钢的深爱、不断创新发展硅钢技术不断进步的精神深深地打动了我。当看到我们在薄带铸轧硅钢方面的工作进展后，他非常高兴，专门组织实验室铸轧课题组的教师和研究生开展详细的工艺技术讨论。对于年轻人提出的各种技术问题，他毫无保留地分享了自己在高性能硅钢开发方面的经验和积累，与大家认真讨论将来铸轧技术攻关的重点方向。大家在方老身上看到了老一辈钢铁人的奋斗精神，为方老深厚的技术积累和热切的爱国情怀所折服。

从此之后，方老对于薄带铸轧硅钢技术落地转化也倾注了巨大的热情。他多次来母校和我们交流硅钢工艺技术，热心帮助我们解决一个个心中的疑惑，一个个技术上的难题，毫无保留地对我们的工作进行悉心指导，为我们的工艺技术研发出谋划策，与我们携手推动铸轧技术工业化落地应用。在当时，铸轧技术成熟度尚待提高，很多技术人员持观望态度。方老为铸轧技术团队在薄带铸轧硅钢生产的各个环节，提出了很多好的建议并积极奔走，使这项技术逐渐得到行业更多的关注和认可，极大地提振了铸轧硅钢团队的信心。2016 年，河北敬业集团和东北大学合作开展我国首套具有完全自主知识产权的短流程薄带铸轧硅钢项目攻关。在该项目建设过程中，我们面临诸多挑战，方老的无私帮助给我们提供了极大的动力。目前，该产线建设历经数年技术攻关，已经在工艺和装备方面实现完全突破，可以进行低碳钢薄带的连续稳定成型，目前正在进行硅钢重点品种调试。相信在不久的将来，我们将成功突破薄带铸轧硅钢技术应用这一国际性难题，这项承载着方老先生殷切希望的技术能够实现咱们自己真正的硅钢工艺创新。

中国硅钢产业经历了 60 年的风雨沧桑，取得了举世瞩目的成就。在这个过程中，无数像方泽民先生一样的科研人员，为推动中国硅钢产业的发展做出了巨大的贡献。正是他们的辛勤努力和不懈追求，使得中国硅钢产业从无到有、从小到大，逐渐崛起成为世界硅钢产业的重要力量。

方泽民先生亲历了中国硅钢产业的发展历程。他见证了中国硅钢产业的每一次技术革新，每一次市场变革，每一次国际竞争。他的一生，就是一部中国硅钢产业发展的缩影。《我的父亲与中国硅钢六十年》一书的出版能够让更多的人了解方老的生平和愿望。这是一部中国硅钢产业发展的历史，它记录了一个时代的变迁，一个产业的崛起。在这个历程中，我们看到了中国人民的智慧和勇气，看到了中国钢铁企业的拼搏和担当，看到了中国科技人员的创新和突破。方泽民先生对中国硅钢高品质发展、短流程发展、绿色化发展的殷切希望，正是中国硅钢从业者奋发图强的源动力。

全球硅钢产业正面临着充满挑战和机遇的未来，在激烈的全球竞争中，科技创新将成为推动硅钢技术进步的主要力量。我们要鼓励更多的人才去打破技术瓶颈，开发新材料、新工艺和新应用，科技自立自强，为全球硅钢产业开辟更加广阔的前景。衷心希望《我的父亲与中国硅钢六十年》这本书能够引起更多人的关注，让更多的人了解中国硅钢产业的发展历程，激发我们为国家的繁荣富强、为民族的振兴发展而努力奋斗的信念和决心。

中国工程院院士

2024 年 3 月

目　　录

引　子

2005 年 8 月 22 日，荆楚大地，细雨霏霏，却丝毫未减盛夏江城武汉袭人的热浪。

十里钢城，武钢厂区内，高炉、转炉炉火正旺，"一米七"轧机轰鸣。厂区外，人们洋溢着笑脸，一派祥和……

这注定是一个值得铭记且纪念的日子：时任中共中央总书记、国家主席、中央军委主席胡锦涛，在中央及省、市领导的陪同下到武汉钢铁（集团）公司考察工作。更让人意想不到的是，胡总书记还深入到武汉市青山区绿景苑节能住宅小区，并兴致勃勃地来到居民方泽民家中做客，与他们一家四口促膝谈心，亲切交流，详细了解生活工作情况。

其实，在武钢这片热土上，从 1956 年破土动工的那天开始，毛泽东、周恩来、朱德、陈云、邓小平、江泽民、胡锦涛等老一辈无产阶级革命家和共和国的几代领导人都曾经留下过他们的足迹。然而，国家的最高领导人能亲临一个职工家中去做客，钢城的史册上还从未有过。

人们不禁要问：方泽民是什么人？胡总书记亲临到他家做客，这至高的荣誉为什么给予了他？

这部书里，我要向您讲述的就是我的父亲方泽民和他的故事。

第一章　青春励志的苦难者

浙江建德，一方山高水长，古老而神奇的地方。

公元 225 年，三国东吴置建德县。603 年，隋文帝建州，恰处在新安江、兰江、富春江三江汇合处的建德成为州府所在地。建德人栉风沐雨，筚路蓝缕，"君子好礼，小人勤生"。唐代大诗人孟浩然曾在此写下："移舟泊烟渚，日暮客愁新，野旷天低树，江清月近人。"北宋政治家、文学家范仲淹被贬至此，留下"江上往来人，但爱鲈鱼美，君看一叶舟，出没风波里"的诗句。1186 年，年过花甲的诗人陆游来此出任严州知府……数百年来，始终是钱塘江中游枢纽重镇的建德，山可居，江可宿，曾涌现出许多诗人大咖、名士画家、著名学者和上将军……

今日建德一瞥

　　1930 年 6 月 1 日，我的父亲出生在建德市乾潭镇麻车桥村。爷爷那辈人之所以给父亲取名小良，是寄望于他将来长大成人后，能够从良为善。后来，父亲就读于私塾学校。教书先生看他天资聪慧，悟性极强，是一个可塑之材，寄厚望于他日后能够顶天立地，惠泽于百姓，遂给他改名为泽民。

　　我爷爷的祖辈本是浙江仙居人，晚清时期，为躲避饥荒，从浙江仙居迁往建德市乾潭镇麻车桥拓荒谋生。因为乾潭镇史上曾遭受过战乱的清洗，有限的生命惨遭屠戮，以致人烟稀少。然而，风水轮流转，清朝末年，乾潭镇人包汝羲中了秀才，随即补为廪生。1903 年，他考取官费留学日本，就读于日本著名的早稻田大学。第二年，包汝羲加入了由孙中山先生领导的著名的中国同盟会。1908 年，包汝羲学成回国，在家乡大力兴办教育，还亲自担任省立第九师范学校校长。1924 年，他荣获教育部批准颁发的中等学校校长六等勋章和奖状。那个时期，中华大地虽然处于战乱，但在建德镇教育风气日渐兴浓。也就是在这种较好的教育氛围下，爷爷奶奶依靠家中开垦的六亩土地和小生意，才有能力为父亲提供必要的教育条件。

麻车桥村一景

起初，父亲的家境并不算富足。靠苦耕勤作开垦出的六亩荒田的收获，仅够全家人糊口；但爷爷颇为聪慧，农闲时开始尝试着收购山里茶农的茶叶和桐油进行交易，以弥补家用。一来二去，原来只在村中做小本生意的爷爷认识了严州府（今梅城镇）一家做卖酱菜和布匹生意的绍兴王姓人。因王姓人家在麻车桥村购买了大片土地，经常往来于严州和麻车桥村之间料理土地，两家人便结识了。久而久之，两家人渐渐建立起了信任，王家人便主动传授了爷爷一些生意经。后来，在王家人的帮助下，爷爷开始尝试着把村中的茶叶和桐油生意依靠水路贩卖到了杭州。在杭州，爷爷的生意越做越顺，越做越大。为了立足，也为了经营更方便，爷爷在杭州河边购置了自家的铺面，名曰"方裕记"。凭借着一家人精打细算，买卖往来收入颇丰，家中积累日渐殷实。多年以后，家中也在麻车桥村购买了一些村民的土地，还雇用了一个无依无靠的哑巴人做了长工。

奶奶自幼学得土法医术，久而久之，在当地颇有名气。谁家的孩子有个头疼脑热，谁家的妇女生孩子需要接产，哪户人家有个跌打损伤……只要登门求助或者上门相告，奶奶都能够用她独特的中医土方法，做到手拿把掐，药到病除。方圆几里，外村妇女生孩子需要接生或者遇到难产，都会雇请花轿，往来接送奶奶诊病。奶奶也总是不顾辛劳，不计报酬，悬壶桑梓。

爷爷共育有两儿一女。大伯憨厚少语，姑姑丽质娇气，唯有我的父亲，自小活泼聪慧，深得爷爷宠爱。每当爷爷进山收购茶叶等特产，总会带着父亲同往。父亲自小崇拜英雄，喜欢古书《三国》里面的英雄豪杰。他时常剪掉自己的头发和眉毛，照着古书《三国》里洋画中的人物描眉画眼，扮装自己，打扮完以后，就跑到屋外坐在太阳底下晒。在他的心里，太阳把画在脸上水彩的水分晒干了，他就成了洋画中的人物了。为了这事儿，他没少挨爷爷的训斥和遭到同村孩童的嬉笑。父亲自小心存正义。村中农闲时，总有人聚赌，父亲非常厌恶。于是，每当夜深人静好赌的乡亲聚赌时，父亲总是躲在暗处，两个手指放入口中，用力一吹，"咻"的一声哨响，聚赌的人以为是抓赌的来了，"呼啦"一声，作鸟兽散……

与父亲同村有一个陈姓的大户财主，依靠几辈人的打拼，家族富甲一方。陈氏家族凭借着实力与当地最有名望的包家结了亲，在建德算是声名显赫。美中不足的是，陈姓财主希望夫人能为他生下一个健康活泼的男婴，一则以传万代香火，二则继承家业。无奈包姓夫人头一胎生的是一女娃，陈家大户财主虽不悦，但对这头一胎女娃的降临还是甚为喜欢。谁知包姓夫人第二胎还是生了一女娃。

在那个重男轻女的社会环境和家族渴望延续香火的迫切心理压力下，陈家主人顿时心生不悦。此时，恰逢同村一没落财主之妻汪氏在哺乳期间新生婴儿夭折。陈、汪两家人几经交涉，一拍即合。陈家遂将这一女婴送给了汪姓人家，并承诺给予汪家抚养费用。汪氏在承受了丧子之痛后，不仅当起了陈家孩子的奶妈，而且承诺一定将陈家的孩子抚养长大成人，遂将陈家的孩子改姓汪，取名玉燕。这名女婴就是我的母亲汪玉燕。

年轻时的母亲

我的父亲和母亲处同村同邻，两辈人对各自的家族情况都相互了解和熟知。父亲和母亲青梅竹马，自小就是相互了解的玩伴。他俩的感情也在成长中逐渐建立和发展。对此，两家大人也心知肚明，未做干涉。

　　新中国成立前夕，中国共产党领导下的土改工作队进入了建德。我的爷爷因为靠多年积攒的积蓄购置了一些贫农的土地，家中还雇用了一名哑巴长工，因此，被划定为地主家庭成分。而我母亲的奶妈、后来的养母家因为家境日渐衰落，则被划为没落地主家庭成分。

父亲高中时与同学们的合影

　　1949年5月，在隆隆的炮声中，英勇的人民解放军雄赳赳开进了建德城，至此，建德获得了解放。年近19岁的父亲，也喜气洋洋地加入了欢舞的人群，迎接新生活的开始。

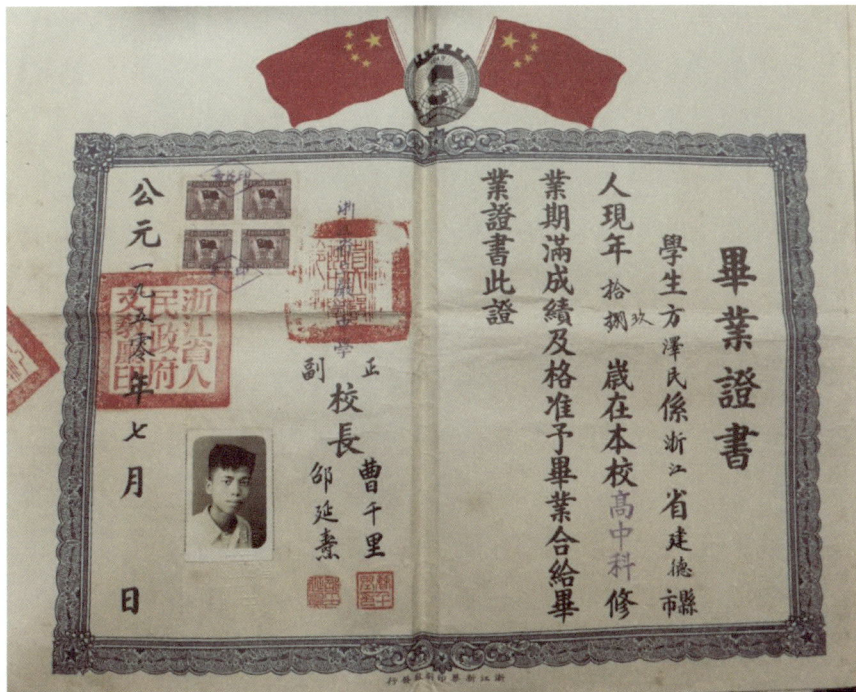

父亲高中毕业证书

功夫不负有心人。1950 年 5 月，我的父亲以优异的成绩考入了东北工学院（当时为沈阳工学院，现为东北大学）机械系蒸汽动力专业，成为新中国成立以后，沈阳工学院招录的新中国首批大学生，真正成为人们眼中的天之骄子。后来由这所大学培育出来的这批大学生，几乎个个都成为了钢铁企业的栋梁之材。

儿行千里母担忧。在父亲临行之际，我的爷爷拉着父亲的手千叮咛万嘱咐：独自一人在外，要好好读书，好好做人，好好做事，做任何事儿，都要勤快；我的奶奶拉着父亲的手依依不舍地叮嘱道：东北比浙江寒冷，不知去了那儿能否适应，读书重要，但千万要保重好身体。父亲在与我的母亲道别时，便立下约定：你在家乡好好地等着我，待我学业有成，生活安定下来，一定回来接你。没想到性格温顺且执拗的母亲这次却爽朗地回答：你到外地去上大学，我也一定要争取到外面去读大学。殊不知，此时已经初中毕业的母亲的养母已舍不得，更是无力，也不愿再供母亲继续读书。一来是家庭的生活已在温饱线上挣扎，实在是难以维系；二是在那个年代里，养母能够供养一个女孩子读书到初中毕业，就已经竭尽全力了。在她看来，女孩子读再多的书，没得用，早晚是泼出去的水，嫁人的。然而，性格倔强的母亲没有听从养母的安排。在父亲远赴东北读书以后，她出人意料地当掉了自己心爱的毛衣做了盘缠，年仅 17 岁就独自悄悄乘船辗转到了杭州，并凭借自己的文化功底，考取了一所专收女子的中专护士学校，因为那所学校吃住都是免费的。母亲在实习期间，因为无力购买必穿的护士服装，十分无奈。同学们得知此事后，便齐心合力用白色的床单为她缝制了一套简易的工作服。

父亲乘坐北去的列车终于到了东北工学院报到。由于东北刚解放不久，学校连他们住的宿舍都尚未建好，只能让火车开到了吉林。在那里，那一批学生度过了第一学期后，才返回沈阳。

那个时期的大学生大多是由国家包揽吃住和全部的学习费用，学生们在校期间只需要认真地学习。因此，对从祖国的四面八方集聚在校园里的年轻人来说，真是快乐极了。他们不仅生活有了保障，而且业余生活十分的丰富。每个周六，学校都会组织舞会，还专门由美丽漂亮的苏联外籍老师做舞步教练；溜冰场上，同学们起初是步履蹒跚，后来是风驰电掣，你追我赶，尽显风采；合唱团里，音乐悠扬，歌声激荡……

就在父亲刚刚入校一年，正尽情享受着大学校园快乐时光的时候，一个突如其来的噩耗，几乎将父亲击倒。1951 年，我的爷爷由于受不住批斗和在家中监管劳动的压力服药自尽了。噩耗传来，父亲悲痛万分，无奈路途遥远，以当时的各项条件，是绝不允许，也不可能回家乡祭奠的。离家求学之路太匆匆，原本以为只是天涯孤旅，学成后便可返乡重逢，却未曾想，从此与祖父永诀。父亲忍着巨大的悲痛，强擦去脸上的泪水，独自一个人面对着北方凛冽的风和凄苦的雨，默默地承受着不能名状的悲苦。竟连同寝室最好的同

父亲（后排右三）在东北工学院时与同学们的合影

学都没发觉他经受了这一变故。

大学时期对父亲的思想形成和未来的人生奠定了重要的思想和知识基础。首先，父亲对中国共产党及新民主主义革命有了认识，了解了中国共产党的任务、性质及其宗旨；其次，确立了自我对人民、对社会负责任的世界观，为树立为人民服务的观念打下了坚实基础；再次，对中国社会现状、革命性质及年轻一代人今后的责任有了更清晰的了解。在大学期间，他学习了辩证法、矛盾论、实践论，对以后处理各种人和事以及研究科学技术的方法，做了较好的思想储备；初步学会了工程技术的最基础技术知识，让自己终身获益。其中，最为在他思想中扎根的是：父亲深深地懂得了知识分子必须走与工农相结合的道路的思想，并用以指导自己一生的实践。

父亲的心中始终牢记的是：没有国家承担起他在大学期间的全部费用，他是万万上不起大学的。

第二章 扎根鞍钢生产
一线的潜心人

　　1954 年 5 月 6 日，我的父亲在东北工学院完成了大学全部的课程。在距最终毕业还差半年时，由于当时鞍钢向冶金工业部申请，提出当年要急需招收 100 名大学毕业生的需求计划，而当年东北工学院的应届毕业生只有 81 名，在那个人才稀缺的年代，东北工学院经过慎重研究之后，只能优中选优地在下届毕业生中挑选了 19 名待毕业的学生，纳入了鞍钢的"招贤"计划。我的父亲就是这 19 名成员之一，被急切地派往了鞍山钢铁公司。

五六十年代鞍钢旧貌

　　那时，鞍山钢铁公司是一个刚刚从废墟中站立起来、尚未痊愈的"病人"，十分脆弱。由于苏联军队占领东北以后，将鞍钢的重要设备拆卸运往了苏联，鞍钢所有的基础建设可谓是百废待兴。这个曾由日本人建造的工厂，曾几何时在亚洲钢铁行业可以说是首屈一指。就在 1945 年日本战败投降之际，日本人将鞍钢破坏殆尽，并放言：今后的鞍钢，中国人只能够在这里种高粱。

鞍山解放后，为满足新中国建设对钢铁的迫切需求，国家集聚各方力量，投入了大量的财力和人力，抢救性地力求尽快恢复鞍钢的生产。

那是一个激情燃烧的时代，那是一个举国上下大干社会主义的火红年代。鞍钢以老工人孟泰为代表的广大职工们，依靠着艰苦奋斗、自力更生的精神，从捡拾一颗螺丝钉做起，大干快上，逐步恢复着鞍钢的生产。就在此时，我的父亲和一群朝气蓬勃的掌握着现代工业理论知识的年轻人，浑身散发着青春的朝气、蓬勃的力量，能够满怀信心地投入到鞍钢建设的洪流之中，他们的心里是多么地高兴啊。他们感到无比的自豪和骄傲，身上似乎有着使不完的冲天干劲。

父亲十分荣幸地被分配到了鞍钢第二薄板厂。这个厂是新中国成立初期，在中苏友好同盟的签约下，苏联援建我国的 156 项工程中的一项。1952 年该厂开始成立建厂筹备领导小组；1953 年开始动工建厂房和对相关人员进行培训；1954 年初开始设备安装调试，同年 9 月份试轧成功。

鞍钢第二薄板厂位于鞍钢中部，占地面积 66154 平方米，设计年产量 5 万吨，设计品种为碳板和镀锌板，设计规格（0.45~1.25）毫米×1000 毫米×2000 毫米，主要设备有三辊劳特式初轧机 2 台、二辊可逆式精轧机 4 台、自动剪板机 1 台、二辊双机架平整机 1 台、罩式退火炉 10 座、酸洗槽 1 座、镀锌线 2 条。可以说，这个厂在当时的中国是工业规模最大、自动化水平最先进、科技含量最高、生产流程和工艺最顶级的工厂。

当时，尽管我的父亲和一起分配到鞍钢的 4 名大学生被共同安排在一个极其简陋、四处透风的简单宿舍里，四人一字排开，头朝外、脚朝内，共同睡在一个土炕上，吃的是高粱米和玉米等粗粮，穿的是粗布衣和夹袄，但是在建厂初期的厂长穆景升——这个从部队师级干部转业到鞍钢的领导的带领下，大伙一门心思工作，不知道什么叫苦，也不懂得什么叫累。大家不分白天，不分黑夜，不计报酬，浑身总有股子使不完的劲儿。

父亲年轻时的照片

建厂初期，鞍山第二薄板厂生产指挥、设备安装调试全由苏联派遣的专家安排。我的父亲刚进厂时，正赶上设备调试、试生产阶段。第二薄板厂的领导分配他负责热工仪表和退火工艺。为了能尽快地熟悉生产和工艺，父亲总是吃住在现场，夜以继日，废寝忘食，如饥似渴地向实践学习，几乎把自己卖给了现场。父亲抓紧一切可以利用的时间和学习的时机，虚心向苏联专家求教，勤学好问，刻苦学习，查阅图纸，很快就掌握了 6 台加热炉和 10 台单式退火炉的结构、燃烧气氛、烧嘴调整以及操作技巧。同时，他与现场的工人们打成一片，摸爬滚打在生产一线。当苏联专家撤走时，我的父亲已经能够独当一面。他不仅能根据轧钢工艺计算加热炉热值，而且还能实际操作，下达退火工艺。当他发觉很多工人是来自于部队转业的士兵和普通的农民时，为了不延误生产，提高工作效率，他就利用休息时间和节假日，把这些现场一线的工人组织起来，亲自给他们讲课，传授他们知识和应该掌握的技能。父亲当时那种钻研精神，勤奋好学的状态，与工人们打成一片的工作劲头，曾经感动了现场好多人，他们都对父亲的实干精神啧啧称赞。

当时国家正处在一穷二白的状态。我国硅含量在 1.8% ~ 2.8% 的热轧硅钢片 1952 年首先在山西太原钢铁厂二轧厂成功下线，在 1954

年 12 月试轧成功，次年 2 月才形成完整的生产工艺。而硅含量 3.8%～4.5%的热轧变压器片，新中国成立初期是国家国防军工和生产建设急需用的变电用钢。在苏联专家的指导下，1955 年 7 月，我的父亲参与了鞍钢第二薄板厂试轧、试热剪、试平整、试退火等整个流程的工作，学会了冶金炉的砌筑，成为了车间值班技术员。经过多方试验，经过无数次的失败，终于获得成功。这项工程不仅为第二薄板厂增加了一个新品种，更为我国增加了硅钢新品种，弥补了领域空白。也就是从那时候起，我的父亲同硅钢结下了良缘，将毕生精力投入到热轧、冷轧硅钢片的研发、生产和发展事业中。

在工作和事业上，父亲热情如火；在生活上，父亲也是一个十分重感情、懂情调的人。独在异乡为异客，每当他拖着疲惫的身体从现场回到宿舍时，每当夜深人静、孤枕难眠时，每当有个头疼脑热卧床不起、渴望有亲人给他送上一杯开水时，每当饥肠辘辘、渴望吃上一口热乎饭时，他都万般思念远在浙江的父母和恋人。他总是持续、不间断地给我母亲写信或打长途电话，诉说着东北如何如何的好，这里的人如何如何的憨厚、朴实、勤劳、重人情。他还特地在电话里告诉我的母亲：东北的教育资源没有家乡的好，依母亲的聪慧和学习基础，她如能来东北是一定能够考上一所很好的大学的。出于对父亲的无比信赖和深深的爱，更出于少年时候就对大学美好生活的向往和理想的追求，经过父亲多番开导和鼓励，情窦初开的母亲在 1955 年，带着父亲寄给她的组织上调函，也毅然告别了故土，踏上了北去的列车，在天寒地冻的东北与父亲团聚了。

可是当母亲兴奋地走出沈阳火车站时，迎接他的却不是父亲，而是父亲的大学同学、如今的同寝室室友夏培德。母亲感到很是吃惊，询问情况方才知道，因为鞍钢的生产任务重，那天正赶上父亲当班，一向把工作和事业看得比生命还要重的父亲，只有委托同学到车站来迎接他的"准新娘"。公家的事再小也是大事，家中的事儿再大也是小事儿。这或许就是父亲那一代人做人做事的准则之一吧。

　　一个简陋的职工宿舍，由公家标配的一个三屉桌、两把椅子、一个木床和自己准备的两床被、两个枕头，就构成了全部的家当。父亲在一篇自述中写道："她买了一件白衬衫，我也买了一件白衬衫，就是我们结婚全部采买物品。我夫人坐火车从杭州来到沈阳的时候，她带来一点花布，记得还是小绿点的花，做了一条新裙子，作为结婚的礼服。我们俩穿上新的白衬衫拍了一张结婚照，拿到结婚照也就算是结婚了。"没有请客，没有彩礼，没有隆重的婚礼仪式，仅有一同分配到鞍钢工作的几名大学同学和工友的祝贺和几斤喜糖，就组成了父亲和母亲在鞍钢简朴的婚礼。

父亲和母亲的结婚照

　　母亲到了东北，没有想象中的大学梦，只得到了一份在鞍钢医院的护理工作。当母亲向组织提出要报考大学的时候，组织上的回答更为干脆：现在全国都在支持鞍钢建设，鞍钢缺少的就是有知识的人，你在这个时候，怎么还想上大学，怎么还要往外跑，那是不可能的。一席话如冷水一般把母亲的心浇得哇凉哇凉的。东北也没有父亲口中描绘的美好、富足的生活。因为那里吃的是高粱、玉米等粗粮，这对在浙江长大，吃惯了大米的母亲来说，简直就是一份难言的煎熬。但唯有相恋的二人世界，才是人世间温馨的陪伴。这或许就是他们能够战胜一切困难的法宝。苦难的岁月里，没有理想中的罗曼蒂克式的浪漫，只有普通职工家庭的柴米油盐酱醋茶。然而，母亲的心里是满足的，能跟相恋的人在一起，关心他，照顾他，与之共同生活和奋斗，是她的梦想，她无怨无悔。尽管好多年以后，母亲总是笑着对我们说："我就是你爸爸把我骗到东北去的"，然而，每当说完这句话后，母亲脸上总是洋溢着幸福、满足的笑，内心充满着自豪与得意。

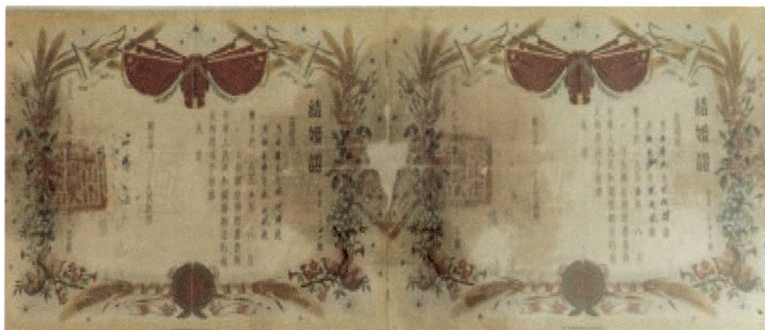

父亲和母亲的结婚证

1956 年，我的姐姐在东北鞍钢出生了，取名为方方。这给他们单调枯燥且又繁忙的生活增添了一丝温馨。母亲的到来并与父亲团聚成家，以及大姐的出生，给曾经独自一人在东北拼搏的父亲带来巨大的慰藉。他更是一门心思、全心全意、聚精会神地扎进了工厂，钻研他钟爱的硅钢事业。

然而，天有不测风云。正当父亲以忘我的精神满腔热血地埋头于鞍钢第二薄板厂拼命苦干，实干钻研，以展现新一代中国知识分子冲天干劲和异样风采的时候，1957 年反右的政治风潮横扫华夏大地。为了避免年轻的知识分子们受到冲击和影响，当时父亲的领导、车间值班主任、老轧钢工人田志诚像老母鸡护小鸡一样，紧紧地护着他们这批年轻的知识分子。老田头不止一次地叮嘱他们：平常和遇见事的时候多用耳朵去听，用脑瓜子去想，少动嘴。就是在田志诚的关怀下，父亲一门心思地坚持学习，看专业书籍，学习英语，查国外热处理资料，追寻自己的梦想。

1957 年，为了减轻母亲的生活压力，父亲将远在浙江老家的奶奶接到了鞍山帮助母亲照看孩子。因为那个时候，鞍钢套用苏联"一长制"的工资发放模式，父亲的月工资水平已经达到了 112.5 元，日子也算过得幸福美满。

祖母在鞍钢时的全家合影

然而，世事难料。从 1960 年开始，中国连续 3 年暴发了自然灾害，富有北大仓的东北也无例外。父亲不幸得了严重的肝炎，但是他仍然执拗地拖着病重的身体坚持上班。从事护理工作的母亲实在是看不下去了，哭喊着让父亲必须停下手中的工作，以保全生命。为了得到一些急需的药品和营养补充父亲的身体，在浙江某地当区

委书记的姑父和姑姑的强力劝解下，父亲
终于同意病休回老家对身体进行调养。短
时间内，父亲请病假离开了工作岗位，回
到了浙江姑姑的家中。经过姑父、姑母悉
心的照料和医治，三个多月以后，父亲的
身体得到了恢复。大病初愈后的父亲终于
站立了起来，却没有时间做过多的停留，
再次重返到鞍钢生产一线。

　　1966 年"文化大革命"开始，父亲
被派到精整工段长白班当维护钳工，主要
维修圆盘剪、平整机和退火炉。这期间，
由于父亲一直以来扎根一线，深入进行硅

父亲和祖母在鞍钢时的合影

钢的生产和研究工作，并不遗余力地帮助现场工人们解疑答惑、提
高生产技能，与基层的工友们始终建立着深厚的感情，因此父亲并
未受到太多的影响。不过，由于当时鞍钢职工住房紧张，我们家居
住了多年的两居室住房被强令要求必须限期腾出一间来给工人阶级
家庭使用。父亲几次申辩，也得不到回复。在万般焦虑和无奈的苦
闷中，父亲只能动员全家腾出一间住房让给了别人家。几年以后，
与我们多年"团结户"的职工搬走了，被占用的房子理应还给我们，
可我们一家人还是不能够居住，眼巴巴地看着这间房子又被他们重
新安排了另一户人家。

　　尽管如此，在我们一家五口蜗居在一间房的情况下，父亲也没
有忘记学习。他作为一名热工工程师，在这几年里依然苦中求知、
苦中寻乐，学会了钳工、电焊和气焊。由于整天同生产一线工人捆
打在一起，哪里有活儿就到哪里，哪里有事儿就到哪里去，谁叫随
到，谁找随到。在一线劳动期间能与生产工人打成一片，同吃同住，
做到了谁有事都帮忙，谁有病休班他主动去顶，经常由于替班连续
工作 16 小时以上。父亲只要有时间就给退火工讲安全知识，因为有

热轧变压器钢板需要通氢退火,氢气是易燃易爆最危险的气体,而且还要通进加热退火炉内,内罩仅用沙封,大罩烧嘴烧高焦混合煤气,一旦负压就会爆炸。啥时送氢,压力多少,操作程序怎样,父亲不厌其烦,反复给操作工讲,并能实际操作,手把手教。就是这样,一来二去,一线的职工们都特别喜欢我的父亲,时任厂长赵云良也对我的父亲大加赞赏。

宝剑锋从磨砺出,梅花香自苦寒来。1959 年,父亲已由值班热工技术员晋升为热工工程师。1969 年驻鞍钢军代表传达了军委命令,急需一批 0.8~1.0 毫米防弹帽盔用钢。项目到厂后,已经在轧钢工人岗位上劳动近 10 个月的父亲,突然被启用牵头完成这一项目。而此时的父亲也像换了一个人,当仁不让,不辱使命,勇挑重担,顶着巨大的压力制定出一套完整的试轧、试剪、试平、试退工艺,经过 4 个月的努力交出了 500 吨合格品。在这期间,经过深思熟虑的父亲建议将原来两段加热炉改为三段控温,方案几经磋商,得到了厂领导的重视,并很快得以实施。这一方案不仅节省煤气,而且使钢板加热速度更快了,质量更稳定。在改进硅钢片退火工艺上,父亲多次提出改进热轧硅钢片和变压器硅钢片退火工艺,他还承担了全厂热工技术管理工作。原来硅钢片退火工艺就一种:最高温度 800 ℃,保温 20 小时。后经过父亲的建议后改造,按硅含量大小改成两种退火工艺:硅含量 2.4% 以下最高退火温度为 780 ℃,不仅节能又节省退火时间,提高了退火能力;热轧变压器硅钢片改变装炉方法,退火工艺由 860 ℃改为 840 ℃,减少了退火黏结,大大提高了成材率。平整工艺改进上,原来硅钢片两机架压下率相同,父亲大胆提出第一道压下率加大,第二道根据板形进行调整,这一举措使得热轧硅钢片电磁性能大大提高。在设备改进方面,父亲详细制定了将精轧加热炉直喷式烧嘴改为平燃烧嘴,使加热钢板温度均匀了,同时节约大量煤气。还提出将圆盘剪改成圆盘组合剪,使生产效率和生产率提高多倍。在大胆提出退火炉底板凸度,由原来的 150 毫米改为 200 毫米后，有效解决了退火后板形翘曲问题。

1970 年受组织委派，由父亲带队到上海硅钢片厂考察电炉退火。其后，经过无数个日日夜夜精心制定出来的实施方案被鉴定后，鞍钢第二薄板厂决定引进电炉退火。引进设备后仅半年，父亲经过多方研究和考察，经厂里同意，对这套生产工艺进行改进，自行加装上了两台电炉，去掉内罩，大罩改为水封，解决了生产热轧硅钢高牌号的问题。

1971 年，由父亲带队同刘作广、赵永辉等 3 人到哈尔滨哈机联考察从瑞士引进的水电解槽情况。在公司同意引进该套设备后，从买图纸、厂房设计、公司立项到施工制造、安装、调试等，仅一年时间，在父亲的有效协调下，第二薄板厂的机组设备就安装上了两台 20 立方米水电解槽，从此结束了鞍钢第二薄板厂多年使用瓶氢退火的历史，为提高生产的产量和质量，为企业创造良好的经济效益，做出了巨大贡献。

1970 年鞍钢第二薄板厂成立通氢 20 立方米领导小组，就是在这种情况下，厂里还是顶着巨大的压力，委任我的父亲担任了组长，这一职务一直延续到 1974 年我的父亲举家离开鞍钢。短短几年间，父亲参与了鞍钢第二薄板厂平整机改造、氢气站建设、废气回收利用等项目。

1972 年之后，国家开始逐步落实知识分子相关政策，我的父亲也逐渐得到组织的信任和认可，终于能够放开手脚，钻研他所热爱的硅钢事业，运用所学投入到硅钢片的生产和研究中。从此，饱受压抑的父亲像换了一个人，重新焕发出新的活力和青春热血。他把十多年的知识积累和深层的思考，像火山爆发一般，全身心地投入到鞍钢第二薄板厂的生产技术改造和工艺更新上面。那时，父亲已经全面负责鞍钢第二薄板厂热轧硅钢片的生产技术和质量管理了。

父亲一心一意扑在了工作上，家里的所有重担几乎全部落在了母亲的身上。从 1960 年我的哥哥出生到 1963 年我来到这个世界，在我的记忆中，家的概念对父亲来说，就如一个匆匆的客栈，孩子的

全家人在鞍钢时的合影

成长，似乎与他没有太多的关联。有时母亲需要加班，就只能无奈地将我们三个孩子反锁在家中。天黑了，我们三个孩子确实太小，由于过度害怕，就合力把家中的桌子和凳子摞起来堵住房门。当母亲加班归来，用力推开大门的时候，桌椅板凳顷刻被打开的大门推倒在地。那巨大的倒塌之声，至今让我们难以忘怀……

姐弟三人儿时的合影

第三章　举家南下的追梦人

1972年，美国总统尼克松访华。1972年7月7日，田中角荣出任日本第64任首相，当日，便宣称将致力于中日邦交正常化。同年9月，田中角荣率团访华，中日签署联合声明并宣布建交。当年这一切的外交成就，为我国打开与世界接触的大门提供了基础，更为我国引进世界先进生产设备提供了契机。也在这一年，毛主席、周总理审时度势，为加快中国经济的快速恢复和发展，满足人民日益增长的需求，批准了一系列从国外引进的项目，其中就包括后来被誉为武钢"一米七"的重大项目。由于当时国家对重点工程都采取代号制度，而"一米七"项目在国家重点项目排序中位列第七，所以这项工程代号被命名为"零七工程"。这项从西方发达资本主义国家联邦德国和日本引进、总投资40亿元人民币的主体工程主要包括：新建一个炼钢全连铸车间和热轧带钢厂、冷轧薄板厂、冷轧硅钢厂。由于热连轧机和冷连轧机的辊身长度同为1.7米，所以统称作"一米七"轧机。之前，我国连制作罐头盒、搪瓷茶杯、搪瓷痰盂、搪瓷脸盆等这些日用品所用的"薄铁皮"都不能生产，需要用大量的外汇进口；而这些薄铁皮，就是热轧带钢、冷轧薄板、镀锌板、镀锡板。

"一米七"轧机的产品分板、卷、带三大类，包括汽车板、自行车带钢、镀锌板、镀锡板、船板、家电板，以及应用于变压器、电机、飞机铁心等电气工业制造的硅钢片，还有其他重要高端品种和国家建设需要的一些高质量、高技术材料。这些钢材如果能够自己生产，将改变我国以往完全依赖进口的局面，每年都可以为国家节省大量外汇。"一米七"轧机系统具有大型化、高速化、连续化和自动化的特点，将使处于相对落后的我国工业水平快步实现与世界水平接近或同步。"一米七"轧机的轧制过程主要由25台电子计算机控制，这在当时全国也是破天荒的事情，为我国计算机的后来普及和发展应用起到了示范性的引领作用。

"一石激起千层浪。"这个具有历史性的引进项目工程，注定给嗷待振兴的中国钢铁工业注入了强心剂，在全国引起了巨大反响和震撼。同时，在我父亲的心里也荡漾起了波澜。自大学毕业后的22年里，他深知硅钢在国民经济中发挥着不可替代的重要作用。父亲孜孜不倦地在生产一线从事热轧硅钢的生产和研究，也从未放弃对冷轧硅钢片的关注与探索。国家的命运和自己的命运是紧密相连的，今天他终于等到了这个契机，他也似乎听到了召唤。

以父亲对硅钢知识的了解和掌握，他深知，硅钢的性能水平主要以铁心损耗和磁感两大电磁性能指标表示。

而硅钢分为两大类：晶粒取向硅钢（CGO 和 HiB）和无取向硅钢，其使用比例一般为 1 : (3~4)。硅钢除用于大宗电工设备如变压器、电动机、发电机外，还广泛用于通信、仪表、电子、重大科研等设备上。因此，硅钢不仅在电力发展，还在涉及千家万户的家用电器工业和国防建设方面起着独特的重要作用。由于跟国家的经济和民生密切相关，它已经成为世界用量最大的功能材料，具有独特的电磁转换的良好功能。尽管之后出现了诸如非晶态、微晶等电磁性能更为优良的材料，但由于其材料特性不足及应用范围的限制、加工方式等问题，仍无法取代硅钢。

硅钢的铁损是引起社会电能损失的重要因素。从发电到电的消耗过程中，有大量的电能是以热量的形式被损耗的，其中45%是由电力装备中铁心材料自身发热引起的，铁心材料目前主要来源于硅钢。

硅钢的磁性能水平是衡量硅钢质量优劣的重要指标，包括铁损（P_T）与磁感应强度（B）两个评价指标。降低铁损与提高磁感是世界硅钢工程技术专家终生奋斗的目标。

铁损 $P_T = P_h + P_e + P_a$，P_T 为总损耗，P_h 为磁滞损耗，P_e 为涡流损耗，P_a 为反常损耗。

磁滞损耗（P_h）是磁性材料在磁化和反磁化过程中由于材料中夹杂物、晶体缺陷、内应力和晶体位向等因素阻碍畴壁移动，磁通变化受阻，造成磁感应强度落后于磁场强度变化的磁滞现象而引起的能量损耗。

涡流损耗（P_e）是磁性材料在交变磁化过程中，在磁通改变方向时，按照法拉第电磁感应定律，在磁通的周围感生出局部电动势而引起涡流所造成的能量损耗。

反常损耗（P_a）是由于材料磁化时由磁畴结构不同而引起的能量损耗。

无取向低碳硅钢和中低牌号硅钢 P_h 占 75.80%；无取向高牌号硅钢由于硅含量高和晶粒尺寸较大，P_h 占 60% 左右，P_a 占 10%～13%；取向硅钢由于晶粒更大，P_h 约占 30%，$P_e + P_a$ 约占 70%，P_a 可比 P_e 大 1～2 倍。由于电机中定子铁心轭部设计 B_m 值约为 1.5 特斯拉，频率 50 赫兹（或 60 赫兹），所以无取向硅钢铁损保证值用 $P_{1.5/50}$（瓦/千克）表示。变压器铁心设计用工作磁感 B_m 一般为 1.7～1.8 特斯拉，频率为 50 赫兹（或 60 赫兹），因此冷轧取向硅钢的铁损保证值一般用 $P_{1.7/50}$（瓦/千克）表示。

磁感应强度是指：当铁磁性或亚铁磁性物质在磁场中磁化时，在物质内除了磁场外，由于强磁性物质原子磁矩转向外磁场方向，它在物质内部产生了附加的磁场 M，外磁场和此时附加磁场的总和称为磁体的磁感应强度。

1974 年，我国政府与联邦德国和日本企业正式签订了"一米七"设备的引进合同。此时，为了"一米七"项目尽快上马，国家开始从鞍钢等企业抽调大批有实际工作经验和技术的人员参与到"一米七"的建设中来。这对父亲来说无疑是一次挑战和选择。青春时代的报国之志和之后在鞍钢从事热轧薄板和热轧硅钢生产，22年了，今天终于有机会向他梦想中的冷轧硅钢片的生产和研究工作发起冲击，这是他的梦想，这是他的报国志向。在是否离开鞍钢调往武钢这个问题上，父亲常常辗转反侧，夜不成寐。他深爱着鞍钢和那里的工友，但他更遵从自己心中的理想和抱负。他多次尝试着打电话询问曾经的同窗同学、1956年就从鞍钢支援武钢建设工作的夏培德，了解武钢的生产工作和生活的情况。夏培德了解了他的心愿后，爽朗地调侃着回答他：你要是想干活，就留在鞍钢；你要是想"享福"，就来武钢。因为在夏老的眼里，上马后的"一米七"工程一定会产量高、效益好，能给武钢生产带来较大的升级，能给职工创造更美好的生活。

然而，事情的发展并非一帆风顺。父亲有意愿去支援武钢"一米七"建设，但碰到了阻力：一是鞍钢不愿放人；二是武钢不愿意接收。其原因一是我的父亲在鞍钢已经是生产技术的骨干，第二薄板厂的领导不愿意放他走；二是父亲母亲的家庭出身不好，在当时极左的思潮余温尚存的政治环境下，武钢组织部门在调动时还存有顾虑。然而，同在鞍钢第二薄板厂一起工作成长的工艺技术人员、已经成为第一批从鞍钢援建武钢"一米七"项目筹备组的人员、后来成为中国冷轧带钢连续热镀锌奠基人、首席专家李九岭先生得知此情况后，多次上门劝说武钢组织部门，要坚持调动父亲来武钢工作事宜。同时也在父亲的软磨硬泡下，鞍钢的领导终于同意放人。武钢组织部门的领导再次查阅研究了父亲的档案和深入了解了父亲在鞍钢的各种表现以后，终于同意调动，但还是同父亲约法三章：在武钢只能在生产一线工作和研究，不能够出国参加任何活动。就是顶着这样的压力，父亲在与家里充分商讨后，毅然决然地举家南迁，前往武汉参与"一米七"建设大会战。

　　让父亲和全家人意想不到的是，当我们全家人拎着大包小包依依不舍地离开生活了近 22 年的鞍钢家属区时，在鞍钢结识的工友和左邻右舍纷纷前往火车站送行，还有许多是三班倒的工人，刚刚下夜班就前来送行。一时间，宽大的鞍山火车站的大厅内因前来送我们的人太多，竟然拥挤不堪，热闹非凡。父亲、母亲激动不已，眼里含着泪，向曾经给予我们多方照顾和恩情的工友及其家属们一一作别……

父亲（一排左四）离开鞍钢时与工友们的合影

第四章　施工现场的拓荒者

　　1974 年，历经千里奔波，我们全家五口人从遥远的寒冷北国乘坐火车南迁到了素有"火炉之称"的湖北省武汉市。刚到武汉，我们一家被临时安排在汉口闹市区民众乐园附近的一家名为贤乐的旅社，暂时安顿了下来。这个四面透风的木造住所，透着手指宽的门缝和墙缝，杂乱不堪，生活实在不方便。3 个月后，在好友的帮助下，又辗转到了附近的爱国旅社住了下来。当时，姐姐方方刚刚年满 18 岁，已被安排去了湖北沔阳县毛嘴镇上山下乡，尚等待出发，我们一家五口人挤在爱国旅社的一间房里依旧拥挤不堪。父母只得留下必备的生活用品，将简单的家具和在东北积攒下来的一些家当暂时存放在大学时期的同学夏培德的家中。在这家简易的旅社里，我们又住了数月。鞍钢第二薄板厂厂长赵允良得知这一情况后，心疼得不得了，赶忙与在武钢工作的哥哥联系，命他将在红钢城自住的两间房腾出一间房，让给我们家暂住。就这样，我们终于搬进了红钢城。那一年，我和哥哥上了武钢子弟小学，母亲被安排在了武钢职工医院当护士。又过了些时日，我们家才分配到了专为筹建"一米七"工程的职工修建的住房。父亲高兴极了，他更是全然不顾地一头扎进了"零七指挥部"，参与"一米七"工程的筹建及硅钢施工现场的基础建设。

　　正在筹建中的武钢硅钢片厂位于武钢厂区东南端，东与筹建中的热轧厂毗邻。全厂占地总面积 21 万平方米，其中包括远景发展规划预留场地约 10 万平方米。规划中，主厂房南北长 384 米，东西宽 213 米，分 8 个跨间，最大跨距 30 米，最小跨距 21 米，建筑面积 6.9 万平方米。厂内成品库专用铁路线同武东铁路干线接轨。硅钢片厂系武钢"一米七"轧机工程主体厂之一，是我国 20 世纪 70 年代唯一一家生产冷轧硅钢片的工厂，其成套设备（包括氢气发生站和水处理系统）及工艺技术全部从日本引进。

1973 年 12 月，武钢与新日本制铁株式会社达成引进成套设备与专利技术协议。厂房及总体设计由武汉钢铁设计研究院设计，工厂食堂及生活设施由湖北省城市建筑设计院设计，厂房建筑、设备安装由冶金部第十三、第八冶金建设公司施工。

1974 年 9 月，硅钢片厂破土动工，当轰隆隆的推土机并排地铲下第一斗土时，人们惊奇地发现，脚下的土地是红色的。是啊，这块沉睡的土地注定要奏响起中国钢铁业振兴的红色乐章！

1976 年第一季度开始设备安装，1977 年 12 月，开始单体试车。为了这项工程的顺利完成，国家从全国各地调集了当时国内实力最强、最有经验的冶金建设企业参加这次万众瞩目的会战。高峰时期，整个"零七工程"建设工地共有 10 多万人，被称为冶金战线的"淮海战役"。

初到工地时，我的父亲作为一名普通的工程师，在当时的政治环境下，由于出身不好，并不完全被人接纳。但他始终保持着埋头苦干、刻苦钻研的韧劲，别人不愿意干的，他乐意干，别人不愿意学的，他愿意学。整天泡在现场，埋在资料室里，不知疲倦地学，不惧辛劳地钻。不仅勤学好问，而且不耻下问，向现场的专家学习、请教。时间一长，在各项大小会议上，很多技术人员和现场工作人员无法解释和回答的问题，在父亲的发言中，都一一得到了回答和解释。父亲的表现和能力得到了厂领导的重视。逐渐地，他从被边缘化的技术人员很快走上了筹备组的核心层。1976 年，我的父亲被委任为

父亲在施工现场开协调会

生产准备组负责人，在现场负责硅钢基地现场的整体施工工作。

　　建设期间，整个施工现场的条件是极其简陋的。在工地附近临时建造起一大片临时设施（被称为"大临"），它们连土坯房都不算，就是由石棉瓦、油毛毡草草搭建而成的"工棚"。夏天炎热起来，没有电风扇，身上的汗水只能靠自然和体温风干。冬天凛冽刺骨的寒风无孔不入，整个工棚就恰似一个冰窖。然而就是这样，全体施工人员的休息和办公都在这里，大家都表现出了昂扬的精神状态和默默奉献的精神，没有一个人叫声苦和累。

　　每天清晨，由大卡车把人员送往工地，晚上接回来。如果有需要单独行动的时候，就只能乘坐很难挤得上的公共汽车和定点定时乘坐的武钢通勤小火车，一天只有三四趟往来，又或者骑自行车前往。倘若遇到冬天下雪，平时泥泞的土路被冻得光滑无比，此时骑行几十里到工地，全身上下都被汗水湿透，寒风袭来，格外寒冷。工地的伙食很多时候就是馒头、包子、咸菜，加一碗"神仙汤"（基本上就是酱油水）。

武钢硅钢片厂成品车间

一进入现场，就要马上对照着手中的图纸，按图操作，精心准备和施工。荒野上，一切都是陌生的，新鲜的，新奇的，所有人都必须尽快适应工作环境。例如：长度单位毫米，大家都叫"米毛"；组织"图纸会审"，就是去参加设计部门主持的各个专业派人参加的审查会；在施工前，必须再一次确认有否遗漏和差错，如固定大型设备的地脚螺栓要在混凝土浇灌期间预埋，是由土建专业完成的，机电专业要审查数量和位置的偏差，否则会造成返工和推倒重来的损失；说"校线"，就是指检查、校对连接两处或多处密密麻麻成千上万根的电线是否都正确、准确。

我的父亲和许多技术人员几乎每天都要和日方派来的专家反复确认后，再布置施工方案，老老实实地虚心听取专家的指示和建议。"涉外"有严格的规定，谈话都要通过翻译人员。外国提供的技术资料原文很少，只能放在资料室，一般他们都是看临时翻译油印过来的二手资料。由于当时很少有专业方面的翻译，所以经常会碰到牛头不对马嘴、匪夷所思的内容，就需要去核对原文。有时候还不定期地把施工人员中的骨干集中起来送到学校，参加外语短期学习班和专业技术培训。

现代化的自动生产线，用电量非常大。当时武钢新建的自备热电厂装机容量只有 20 万千瓦，大部分的电力都是从很远的地方通过 50 万伏超高压输送过来的。当年并没有直升机、吊装机等先进施工设备，全靠手工机械，肩扛背拉，穿山越岭，架设高压输电线路、线塔。现在想想那个时候的工作环境和条件，真是不可思议。

父亲在调试现场

机组和电气方面的安装和调试量也非常大，也是整个生产线的关键所在，必须一丝不苟，精益求精。电气安装最庞大、复杂的工作就是电缆、电线的布装，要把供电（强电）、控制信号（弱电）成千上万根线有条不紊、精确无误地从配电室、控制室送到各个设备和控制点，然后通电调试到合适的参数，保证正常运转。在安装方面，有一些从国外带来的先进施工技术和机具，更是让中国工人大开眼界。在我国之前的传统施工，要把很长的电线或者电缆固定在墙面或地面，都是手工用凿子在水泥面上先打个孔，再放入一个木屑，才用螺丝把卡带固定的。这样的工序非常费时费力，往往搞得工人灰头土脸，还容易损伤眼睛、肺部和呼吸道，效率低下，效果也差。国外引进来的冲击电钻，很容易就在混凝土上打了一个孔，再放入一个带倒刺的塑料膨胀螺丝套，就是现在经常说的膨胀螺丝，效果又好又快又牢靠。这个工艺在临时工地上被使用以后，整个机具、材料，很快就在我国的电气安装工程上大面积推广。很多曾经在"零七工程"工地干活的浙江农民工，仅凭学会这一手绝活，后来都成了这方面的专家和百万富翁。

电气安装工程中的高级技术工人和调试人员一般都是文化程度较高的大中专毕业生，也有不少经验丰富的老工人。再高一级的就是计算机调试人员了。计算机控制的调试，主要由外国专家负责，我方派人协助。从各处抽调上来的知识青年们是当时准备生产的骨干力量，他们这批未来的操作生产人员则从头到尾伴随观察学习。这些调试人员首先要阅读大量的设备操作手册，控制程序的指令。后来事实证明，尽管走了许多弯路，看似做了很多无用功，但当时每一个人都钻研刻苦，孜孜不倦，日夜苦读，为后来生产线的顺利运行和引进吸收打下了坚实的基础。

设备单机调试阶段，先是单机通电，手动开机，保证能正常运转；再局部生产线机电联动，试验逻辑动作的正确性、可靠性；最后才是整个自动化生产线机电联动调试。如果发现问题，及时处理。无负荷、有负荷联动试车的场面十分壮观，电话、对讲机、口哨声此起彼伏，控制室、生产线旁到处都是紧张忙碌的人群。

这期间，我的父亲没日没夜地经历了硅钢厂基本建设、设备安装调试、生产准备、（冷、热）负荷试车及投产、达标、验收全过程。经过近4年的努力，新建设的武钢硅钢厂于1978年10月22日和11月22日分别轧出第一卷无取向硅钢片和取向硅钢片。

起初，时常有大批技术人员、工人选调武大学习日语后派往日本实习。因为政审原因，父亲始终没有享受到这种机会，但他凭着对硅钢事业的追求与高度责任感，发奋学习，去除私心杂念，努力工作，完成了组织上交给的急、难、精、尖各项任务。

这期间，父亲不仅对硅钢生产线从轧钢、酸洗涂层、热处理、精准包装整个生产线的工艺和技术有了深刻的了解，并且与现场的施工人员打成一片，形成了良好的沟通与合作关系，其乐融融，还同现场实习的许多生产技术人员交上了朋友。哪位工人头脑灵活，动

父亲（前排左一）在生产现场向原冶金工业部部长唐克（前排左二）和
武钢老领导李振江（前排右一）汇报工作

手能力强，技能水平高，他都了如指掌；哪位工人业余时间刻苦学习，上班时间在岗位上喜欢琢磨事儿，他也了然于胸。更为难能可贵的是，因为工作配合关系，他同现场的日本专家也结下了友好的情谊，并在友好交往中潜移默化地学到了许多过去从未掌握的知识，有些专家甚至成了他一生的老师和终生的挚友。

也正因为父亲这种在生产现场忘我的不知疲倦的工作状态，以及高度的责任感和事业心的工作表现，被他人生的又一位师兄和贵人——后来的

武钢硅钢厂投产时设立的纪念碑

硅钢厂第一任厂长张明德默记在了心里。这位开明的、以事业为重的、一生追求真理和事业的老厂长，对我父亲表现出了极大的赞赏和信任。张明德厂长打破常规，不拘一格，大胆任用父亲，不断给父亲压担子，委以重任。也正是在张明德厂长不断解放思想、大胆任用和提拔下，父亲 1978 年被任命为副总工程师，1981 年还兼任了分管技术工作的副厂长，并终于随冶金部高级代表团访问新日铁，打破了之前组织上作出的不允许他出国的决定。

时任厂长张明德（左一）和父亲（左二）及工程师彭冰（左三）研究工作

1984 年，父亲还担任新日铁技术交流团团长，率领 27 名同志在新日铁广畑厂学习 2 个月，收获巨大，满载而归。据父亲的同事计甫祥回忆，1984 年，他有幸参加了以父亲为团长的武钢硅钢代表团，到日本新日铁学习研修硅钢技术。此行的目的就是实地考察并学好相关技术，以便回厂后更好地掌握和操作初建成的硅钢厂 13 条硅钢生产线。这些生产线全部是从新日铁引进的。武钢代表团每名成员都根据在国内的岗位设置要求，对应在新日铁相应的生产线学习研修。当时新日铁也为他们安排了一些对硅钢生产全流程各工序的参观学习。

父亲（三排左二）在日本考察时的照片

父亲给计甫祥布置了一项新的任务：一是让他详细了解与学习日本最先进的硅钢连续退火线的 TAL 装置（tandem annea line：串列式退火生产线），二是详细了解日本的环形炉高温退火设备。当时，新日铁的广畑制铁所十分重视企业的技术改造，多年持续不断地增加或更换新的设备或装置，所以连续退火线的生产速度快、小时产量高而且质量更稳定。通常情况下，连续退火线要提高速度就需要加长炉子、提高加热与冷却能力。而 TAL 装置就是连续退火线上针对硅钢带的特殊要求的装置，既能够简化工序，又能提高成品硅钢薄带的板形与性能。父亲要求他不仅要看，要学习，还要画出 TAL 装置等结构草图。此外，当时只有新日铁的八幡制铁所有硅钢环形炉高温退火设备，父亲就带领计甫祥专程从广畑制铁所乘高铁到北九州的八幡制铁所，参观学习这里的环形炉高温退火设备。因为当时中方引进的硅钢厂高温退火设备是罩式炉，它在工艺控制、操作条件、稳定性等各方面都要比环形炉高温退火炉差。而此次专程来日本，他们不仅详细观看了环形炉高温退火的运行流程、操作方法与设备结构，更看到日方生产现场的连续退火线生产速度比我方引进的设备要快得多。按照父亲的要求，计甫祥在完成了正常的学习研修任务后，又详尽地把日方的 TAL 装置及环形高温退火炉的相关内容写成研修报告，与图纸一并搞了出来，上交给了组织。在随后的武钢硅钢技术改造和新建二硅到四硅的过程中，环形高温退火炉和 TAL 装置被广泛采用，并且逐步实现了国产化。

在后续硅钢的技术改造与新硅钢厂的建设中，父亲虽然没有直接参与，但从未停止硅钢技术方面的支撑工作，在二硅钢和三硅钢规划中提出了很多建议，并被采纳。难能可贵的是，这件事情发生在武钢一硅钢刚刚投产不久，整条引进的生产线还没有达到设计生产能力的时候，父亲就已经开始准备和考虑硅钢后续的发展和壮大了。

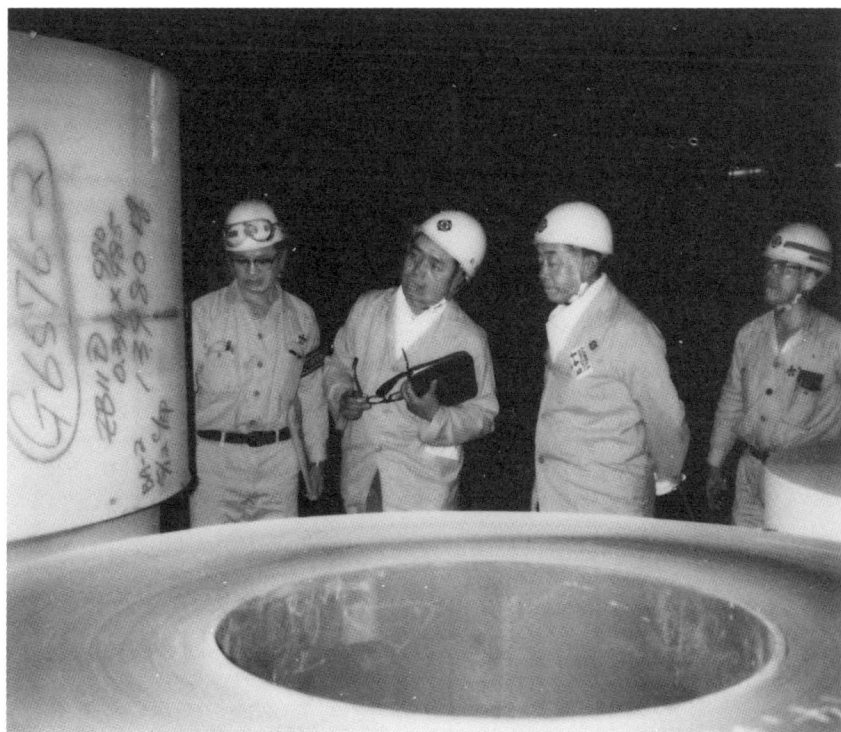

父亲（左二）在日本考察学习

经过这一系列的出国现场实地考察和交流学习，加之刻苦钻研和努力思考，父亲对冷轧硅钢的认识有了全新的了解，个人能力也实现了质的飞跃和提高。这主要体现在：

一是技术能力得到极大提升。就生产技术来说，父亲由单一地掌握某一领域的生产技术和研究转变为较为全面系统地掌握整个工厂的生产和工艺的整个过程。因为当时对出国实习人员的要求只是掌握某一特定岗位的技术，而父亲却是其中少有的全面综合性地对冷轧生产的工艺和管理做出了深刻思考和研究的人。

二是工厂管理能力得到极大提高。通过学习日本人的企业精神和他们用全面质量管理的方法管理工厂的理念，父亲将其深深地刻在脑海里，并开始萌生自己的管理方法。这期间，虽然"一米七"代表的是 20 世纪 70 年代的国际先进工业水平，但他不仅感受到了中国企业和世界先进企业的差距，更感觉到了中国人管理工厂的能力及科学方法的差距。更为刺激他的是，企业员工在综合素质及其对企业精神的理解上的巨大差距。比如，父亲在武钢调试现场，现场的工人们已经习惯了将抽完的香烟的烟头随意丢在地上，而此时在现场指导安装调试的日本专家会将这些烟头习惯性地捡起来，放进自己的口袋，然后不做声响地丢入垃圾堆；中国工人在擦拭机器时，随手会将抹布扔在机器旁和地上，而此时的日方技术人员会将这些抹布集中捡拾起来，放在一个固定的位置；调试现场发生不可预测的安全事故和警报时，中方的工人会慌张地四处逃散，而日方在场的工作人员会对事物的性质做出一个快速简单的判断，然后快步地离开现场。当我方职工向他们询问为何不快跑时，日方人员回答说："我们处在一个钢铁相对密封的环境里，水、电、气和各种障碍物就在身旁，如果快跑，可能会对人员和设备造成二次伤害，甚至会酿成更大的事故。因此，确认和快速步行离开是最有效的规避次生事故的方法。"那时的父亲已经清醒地认识到：一流的工厂，必须要有一流的管理来维护，必须要有一流的员工来操作，方能产出一流的产品；它必须是全面的，全员参与的；要实现这一切，必须要下苦功夫、真功夫才能够实现。

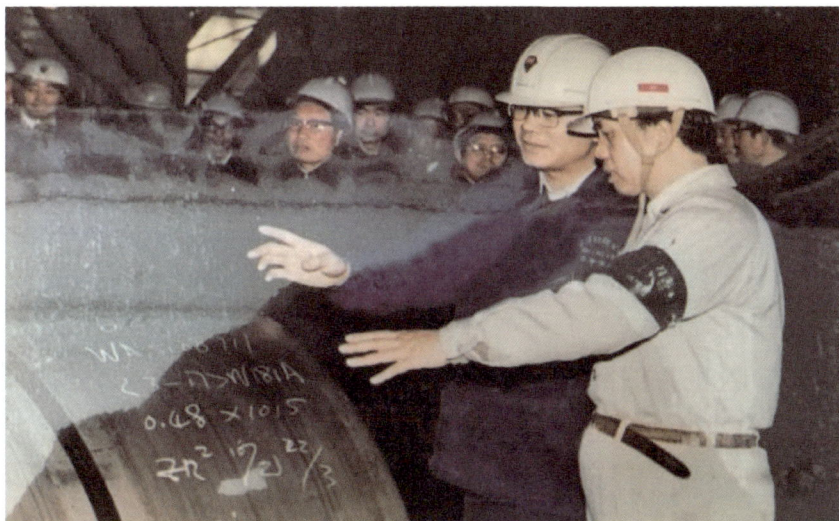

武钢硅钢厂生产出第一卷硅钢片

然而，这只是武钢硅钢事业发展的开始，等待着父亲和武钢硅钢的还有很多难题亟待解决。紧迫的形势逼着父亲无暇沉浸于投产后的喜悦，就马不停蹄地开始对硅钢的生产工艺和磁性能提升进行深度的思考和研究。事实证明，这项工作也是我国冷轧硅钢产品首次国产化的开始，它将长期对我国冷轧硅钢的研究、装备的革新、产品更新换代、产量技术质量水平的提高，消化国外硅钢专利技术，人才的培养、开发，作出不可估量的贡献。

也是通过持续和不间断的学习，父亲对硅钢事业的认识开始从国内转向了更为广阔领域的世界。他注意到：普通取向硅钢最早由美国发明；1940年开始实施二次冷轧法生产取向硅钢；1960年日本开始生产取向硅钢，并通过几十年的技术积累，引入 AlN 作为抑制剂生产取向硅钢，以及发明了从热轧高温板坯加热到热轧低温板坯加热的取向硅钢生产工艺，再将高磁感取向硅钢减薄至 0.30～0.23 毫米，通过激光刻痕细化磁畴方法实现了产品厚度极薄化至 0.23～

0.18毫米、0.15毫米。全新的成分和抑制剂方案，需要生产方式的技术革命。

低铁损、高磁感是硅钢生产技术发展的大势所趋。各国在传统生产工艺流程上已经"竭尽所能"。在高品质的前提下，为进一步节能、降耗、减排、降低成本，必须推动硅钢生产工艺流程的革命。特别应该指出，炼钢（含精炼技术）的进展对硅钢成分控制起到格外重要的作用，例如：无取向硅钢冶炼要求的超纯净化，$w(C+S+N+O) \leqslant 60 \times 10^{-6}$；取向硅钢对抑制剂成分，如 MnS、AlN 等的控制，对后工序获得高斯织构至关重要。

同时，他也关注到抑制剂在取向硅钢生产中的重要作用。抑制剂的选择和形成与取向硅钢厚板坯的加热温度密切相关。

对于板坯厚度为 200~250 毫米的厚板坯，在高的加热温度下，板坯温度 1400 ℃，抑制剂为固有类型。在热轧区，以 Mn、S、Al、N 形成 MnS、AlN 为主的抑制剂，通过加热固溶，热轧过程析出，抑制剂以一定形态、尺寸存在于热轧带中；在冷轧区，通过高温常化，抑制剂进一步析出，并呈弥散、细小质点存在，后续脱碳退火控制初始再结晶晶粒尺寸，并形成 SiO_2 膜，接着涂布以 MgO 为主剂的退火隔离涂层，促进钢板表面镁橄榄石被膜的发生与完善。

在中温加热温度下，板坯温度 ≥1300 ℃，抑制剂为固有类型。在热轧区，通过改进抑制剂成分，降低在钢中固溶温度，（Al、N、Mn、S、Cu）抑制剂在热轧或热轧带退火时析出；在冷轧区，通过退火，涂隔离层，使用 Cu、S、Al、N 以及罩式炉中控制 H_2 和 N_2 的比例高的氮气成分来保持抑制剂的抑制能力。

在低的加热温度下，板坯温度为 1150~1200 ℃，抑制剂包括先天固有和后天获得两种类型。在热轧区，防止抑制剂形成；在冷轧区，初次再结晶和脱碳退火后采用含有氨气的氢气和氮气混合气体在 750 ℃ 低温或 900 ℃ 高温渗氮，形成抑制剂（Si，Al）N 和 AlN，在二次再结晶发生前起到抑制作用。

世界各国因采用不同抑制剂而使板坯加热温度不同。其基本点在于，抑制剂不同，造成板坯加热温度不同。为避免板坯高温加热带来的缺陷，研究人员多年来一直在寻找可以降低板坯加热温度的抑制剂。因而在世界范围内，出现了不同抑制剂与不同板坯加热温度。可以判断：凡板坯加热温度为 1400 ℃ 的，基本上是新日铁输出的 HiB 生产技术，抑制剂以 MnS+AlN 为主；凡是板坯加热温度小于 1200 ℃ 的，基本上是 20 世纪 80 年代后开发，以 AlN 为主的后天抑制剂法。但采用后工序渗氮技术的 SL 工艺，板坯加热温度在 1280~1300 ℃，可能大都采用俄罗斯的 Cu_2S 和 AlN 为抑制剂来生产一般取向硅钢。

世界不同板坯加热温度生产取向硅钢的企业有，日本：NSC 八幡、NSC 広畑、JFE 川崎（1400 ℃）；德国：TKES；意大利：AST；美国：AKSteel、Alkgheny；俄罗斯：Novolipetsk、Magnitogorsk；英国：BSC；韩国：POSCO；巴西：Acesita；斯洛伐克：USsteel Kosice；比利时：Duferco；中国：武钢、宝钢、首钢。

目前，在中国，板坯高、中、低温加热工艺生产一般取向硅钢与高磁感取向硅钢三种工艺并存，最典型的是武钢，既有原引进的日本 NSC 的高温板坯加热工艺生产 CGO 和 HiB，又有学习俄罗斯的中温板坯加热工艺（1280~1320 ℃）生产 CGO，还有"十二五"期间开发的低温板坯加热（1100~1150 ℃）+渗氮工艺生产的高磁感取向硅钢。

同时，无取向硅钢经历了第一代标准钢种、第二代高磁感高效钢种、第三代新能源汽车驱动电机用钢种等，高频、高强、高速、薄规格产品已开发成功。

第五章　严格管理的领军人

　　1978年，具有划时代历史意义的中国改革开放拉开了帷幕。也是在这一年，具有里程碑意义的武钢硅钢片厂历经三年艰苦卓绝的努力，于当年11月正式投产了。从此，武钢硅钢厂成为中国冷轧硅钢的摇篮，中国高端电机上有了自己生产的中国"芯"。

父亲（前排左一）与武钢硅钢厂原领导班子合影

　　但是，在万分兴奋之余，用什么样的方法来管理和驯服好洋设备这匹"洋马"，已经刻不容缓地摆在了工厂管理者的面前。过去中国的企业从设备工艺到管理，仍保留着20世纪50年代初苏联钢铁行业的特点。当"一米七"轧机建成投产后，由于原有设备技术水平、管理水平和人员素质不能适应要求，导致投产后很长时间生产不正常，事故较多，不能达到设计能力。

如何打破思想的禁区，学习和推广全面质量管理方法管理企业，在我国初现端倪。父亲和许多工程技术人员通过多次去日本考察，也对日本的企业管理方法有了一些全新的了解或认识。当时，我的父亲已被组织再次重用，由生产准备组负责人改任副总工程师。他和时任武钢硅钢片厂第一任厂长张明德敏锐地洞察到这一难题。他们合议后果断地做出决定：要把硅钢片厂办成现代化工厂，就必须在消化引进国外先进技术的同时，学习国外的先进管理经验管理工厂；否则，是无法驾驭好这个现代化企业的，企业终将没有出路。在厂内抓住全面推行全面质量管理这个"牛鼻子"找到了，他们开始用科学的工作方式和手段向传统的管理模式和工作习惯宣战。

全面质量管理就是企业对产品质量、产量、成本、交货期、售后服务等各项指标实行全面、综合的管理，并以人的工作质量作为产品质量的保证和基础，是企业管理现代化的中心环节。为了推动这项工作，他们在机构和编制极其压缩的情况下，首先在厂部设立了全面质量管理委员会的常设机构——全面质量管理办公室，其主要任务就是在厂长的直接领导下，推行全面质量管理，制定、落实经济责任制等。

1979年10月，厂部专设"企业管理办公室"，并逐步清晰地制定了"三步走"的方案。第一阶段，从投产开始，主要进行全面质量管理教育，培训骨干和由点到面地开展质量管理（QC）小组活动。通过教育提高全厂职工对开展全面质量管理必要性的认识，普及全面质量管理（TQC）基本观点。第二阶段，在全厂推行"方针目标管理"并建立和完善质量保证体系。在生产作业线实行专检和群检相结合的方法，监督、保证生产过程中的产品质量，使全面质量管理活动进入"三全管理"阶段，即全面的、全过程的和全员参加的质量管理阶段。第三阶段，通过企业整顿验收，在全厂范围内进一步完善经济责任制，从提高全体人员工作质量出发，确保全厂方针目标的实现，从而提高产品质量和经济效益。

1979 年开始全面推行经济责任制后，硅钢片厂建立、健全和完善了技术操作、设备使用和维护规则、安全技术三大规程，审定、健全了岗位责任、交接班、考勤三大制度以及其他管理制度和标准 176 项；建立和完善了各类原始记录、台账、统计报表 435 种，生产管理系统 114 种，工艺质量管理系统 88 种，设备管理系统 70 种，安全管理系统 78 种，物资管理系统 35 种，能源管理系统 7 种，劳资管理系统 31 种。

中质协专家评审组在硅钢厂开展审核工作时的合影

从 1981 年起，正式推行方针目标管理。设计经济责任制方案，制定质量工作标准，推行全面质量管理的教育，组织全厂 QC 小组和质量管理点活动，建立全面质量管理保证体系和信息传递系统，抓市场调查和市场预测，开展技术服务，方便用户，制定厂长和全厂各科室、车间的工作标准以及学习和推广先进的管理方法，协调各车间、科室的横向关系等，促进了全面质量管理工作的开展。具体做法是"三抓一反复"：一抓领导，对副科级以上干部和工程技术人员进行培训；二抓骨干，先后派出 50 余名干部、技术人员、班组长，参加总公司和有关院校举办的全面质量管理学习班学习；三抓全员教育，全厂举办 10 期全面质量管理学习班，参加学习的人数达 700 人次；一反复，即反复抓全面质量管理教育。

到 1983 年底，全厂职工中有 1532 人次接受了 48 小时以上的全面质量管理教育，占全厂职工总数的 90%。厂里每年将全面质量管理教育纳入职业培训计划之中，并由厂教育科统一考核。围绕着生产管理和市场，全厂还先后制定和修改了质量管理制度 24 项、技术标准 16 项，制定了创优产品的内控指标和不良产品标准、原材料的标准、中间产品标准、产品检验标准和最佳工艺制度。

武钢总公司也把硅钢生产纳入前后工序"一条龙"的管理体制，由武钢总公司技术部统一制定各种严格的控制标准、判废标准、退废标准、信息传递和反馈制度等，实行集中管理。在各工序强化了质量管理，在关键工序设置了 12 个质量管理点，制定了"工序质量管控合格率"等有关工序质量控制的考核制度。

以上措施的推行，对提高产品质量起到了促进作用。1983 年硅钢片厂的不良品率比 1982 年下降了 73.7%，实现了武钢公司提出的"不良品减半"的要求，因产品质量引起的用户索赔费 1981 年为 5.19 万元，1982 年下降到 2.55 万元，1983 年仅 189 元。

刚刚投产时，由于国内许多厂家对热轧硅钢片仍情有独钟，而对冷轧硅钢产品不甚了解，产品一时出现了积压和滞销。为了打开产品销路，硅钢片厂逐步建立起市场调查的制度。1979 年至 1983 年共走访了全国 19 个省市的 65 个城镇，369 个生产厂家、管理和科研部门。在此基础上，开展了为用户的技术服务工作，通过技术服务，为冷轧硅钢片的优越性以及生产工艺特点、质量水平等作了大量宣传，逐步提高了用户对武钢硅钢片产品的认识。1981 年初编印并向用户赠送了硅钢片厂产品样本和技术资料。同年邀请部分用户召开了技术座谈会，听取用户意见，共同探讨服务的对策和措施。还建立了各种类型的用户档案，并与全国 30 多个重点用户建立起有专人负责联系的产品质量信息传递渠道，从而使产品的质量信息和用户的意见与要求都能及时得到反馈与处理。1979 年至 1983 年先后出访 64 人，走访 404 家用户。

父亲（前排左十二）参加国内硅钢产品重点用户座谈会合影留念

1979 年 11 月，轧钢车间组织了"降低断带 QC 小组"，以降低轧制断带率（次/千吨）为课题，在经历了三次较大的"PDCA"循环后，断带率由 1.5% 降低到 0.6%，比原断带率下降 60%，明显地减少了金属消耗，提高了产品成材率，仅在第一个"PDCA"循环中就获得效益 3800 元。1980 年轧钢车间"降低断带率 QC 小组"首次在武钢公司发表成果后，荣获三等奖，为硅钢片厂第一个获奖的 QC 小组。到 1983 年底，全厂已建立了 43 个 QC 小组，1980 年以来有 7 个 QC 小组取得了较大的成果。1980 年至 1983 年被评为武钢、省部和国家优秀 QC 小组 7 个。通过持续的努力，全面质量管理的思想被广大职工所接受，职工们的质量意识普遍提高，心里深层开始出现了变化，上下一致形成合力，从而吹响了向管理要质量、要市场、要效益的号角。

但就是这样，武钢从日本新日铁引进的当时世界先进的冷轧硅钢生产专利技术及全套工艺设备，年生产设计能力才仅有 7 万吨，其中无取向钢 4.2 万吨、取向钢（含 HiB 钢）2.8 万吨。1978 年下半年投产到 1981 年底，武钢硅钢片厂共试产 132991 吨，其中的合格品取向硅钢才有 21846 吨，无取向硅钢也只有 33377 吨。至 1982 年，受前工序配套不足和技术水平限制，我国硅钢原料、表面涂层、轧辊等主要备品备件还得依靠进口。1982 年，武钢按照日本新日铁硅钢专利技术，花大力气建立起从冶炼到冷轧硅钢的工艺流程，为我国硅钢生产打下了基础。但是，每年还需要进口几百万吨高端的硅钢片。

1982 年 12 月，父亲光荣地加入了中国共产党，这是父亲政治生涯中一件开天辟地的大事。从此，他政治上获得了极大的解放，多年积压在心中的思想包袱卸下来了。他终于可以甩掉家庭成分给他带来的重重迷雾和困惑，自由平等地在更广阔的舞台上实现自己的理想和抱负。

1983 年，冷轧硅钢厂经国家验收合格，正式全面投入生产。并肩战斗了 8 年、被父亲视为兄长兼师兄的厂长张明德伯伯调任钢铁研究所任所长，由父亲接任硅钢厂第二任厂长。临行时，张明德伯伯叮嘱父亲："在抓好达产稳产的同时，要努力吸收、消化引进设备，多想想冷轧硅钢的后续发展。我们这么大的国家，就这么一点点人称钢铁皇冠上的珍珠，那是物以稀为贵。实现工业现代化，每年要花大量外汇进口硅钢片，还要看人家的脸色，我们中国钢铁人脸上无光啊！"张伯伯的话被深深地印在了父亲的脑海里，在他的心灵深处产生了巨大影响。

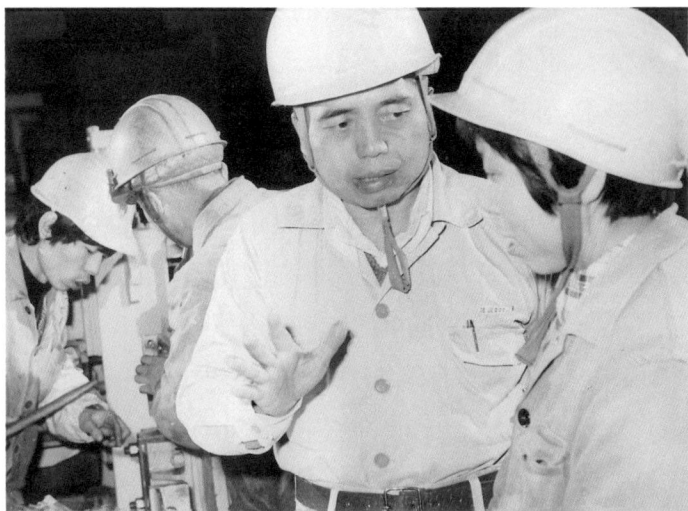

父亲（中）在硅钢生产现场与技术人员交流

上任伊始，他就突出抓了几件要事：

一是严格按照现代化管理的要求严抓改革，彻底摒弃老工厂那种机构臃肿、人浮于事、作风懒散的现象，继续保持用现代化的管理手段，管好现代化工厂、现代化设备。1986年，硅钢厂开始全面推行全面质量管理过程，提出要用制度管人、用制度管事的口号。当时，由于各种会议、文件较多，传统的管理方法还没有从根本上改变，提高工作效率、搬除"文山会海"已经势在必行。时任厂长的父亲不仅要求大家要严格遵守实行各项制度，而且自己也要带头遵守规章制度。一天，厂里召开行政例会，因父亲主持会议超过了限定的20分钟时间，违反了会议时间过长的相关规定，尽管无奈，但他感到十分的内疚。散会以后，他主动向劳资部门报告了情况，要求他们"向他开刀"，按制度要求办事，给予他当月考核。为此，他因延长会议时间受罚，纳入了考核，扣除当月综合奖4%。同时，当天参加开会的4位科长因迟到，也被扣除当月奖的1%。制度是刚性的，制度面前人人平等，谁也不能例外。这件事之后在厂里产生了不小的震动，并被传为了佳话。

　　二是大胆启用了一大批有知识、有文化、懂业务、爱岗敬业的新人和在一线经受了劳动锻炼、表现优秀的大学生和生产的骨干力量。这在当时可以说是"一石激起千层浪"，全厂上下沸腾起来了。一批年富力强、学历较高的同志进入了工厂的决策层、厂处级领导岗位和中层干部的行列，如符德勤、蒋淳、陶济群、刘文仲等。后来，他们中的许多同志还成为了集团公司领导班子的成员。还有一大批在生产一线埋头苦干、用心钻研的尖子和能人担任了班长和机长，成为生产中的骨干力量和中坚。

　　不到30岁的魏京桥，1978年进硅钢厂热处理一车间，由于他在生产过程中勤观察、细琢磨，虚心向日本专家和现场的技术人员学习请教，很快熟悉掌握了CA6机组的各项性能。在设备调试和试轧阶段，他发觉日本专家用他们的钢板涂层出来的钢板表面光滑如镜，而我方职工操作涂层的钢板表面却有许多凹凸不平的痕迹。魏京桥反复思考，不得其解，于是尝试着向在现场指导工作的日本专家虚心求教、反复探讨。功夫不负有心人，日本专家被他的行为所感动，于是就悄悄地告诉他，在涂层辊上连接一根钓鱼的丝线，这样涂层的硅钢板在运转时鱼线就会将涂层料快速刮平，涂层出来的板材就不会因喷涂料在喷涂过程中产生细微的气泡快速凝结而产生不光滑表层。魏京桥按此方法，找来鱼线悄悄地拴在了设备上后，果然产生了奇妙的效果，终于解决了这一难题。然而日方现场专家就是因为把这一被誉为土方法的技术诀窍教会了他，不仅遭受到日方专家组领导的严厉训斥，而且被扇了数个响亮的耳光。这一切，魏京桥都看在了眼里。他发奋要学会操作这个洋机器的本领，终于练就了一双过硬的火眼金睛，掌握了许多独门绝技的绝活，成了名副其实的"魏琢磨"。此后，魏京桥先后担任了班长和机长。2003年，其"HiB硅钢向一般取向硅钢生产转换"的操作法获武钢总公司"先进操作法"称号，他不仅当上了劳动模范，而且还获得了总公司奖励的一台小轿车。正是有一批像魏京桥这样积极向上、年轻有为的优秀员工，成为操作大师，成为武钢硅钢未来发展的有生力量。

三是持续深入开展全面质量管理。机关工作按"PDCA"循环有序开展，各项管理依照"人、机、料、法、环"五大要素进行；日常活动按"5W1H"要求推进。在推进全面质量管理中，父亲和厂领导班子坚持始于教育、终于教育、严细结合、思想领先，确保了生产节节攀升，职工精神面貌大大改变。

父亲在厂级动员会上发言

功夫不负有心人。1988 年，武钢硅钢厂被评为全国质量管理先进单位，成为全国当时开展全面质量管理的一面旗帜。为了后续在消化引进技术的基础上，满足国家对高磁感取向硅钢的需要，不断的管理创新和质量持续改进攻关，使硅钢各项经济技术指标和产品实物质量均达到国外同类产品水平，完成了取向硅钢全面高磁感低铁损产品化技术改造，为实现高磁感取向硅钢（HiB 钢）的稳定生产奠定了坚实的基础。

自 1986 年以后，父亲和他的同事们又展开了国产取向硅钢级氧化镁 T2 绝缘涂层和 T4 无取向硅钢涂层等涂层、国产轧辊等配套产品、国内第一条取向硅钢高温环形退火炉等一系列的改造，使硅钢厂渐渐缩短了与世界最先进的硅钢厂发展水平的差距。

　　中国硅钢产业必须要走出一条消化引进先进技术、形成生产能力的自我发展之路。而创新则是在引进先进技术基础上的尝试，通过学习国外先进技术，消化、掌握国外先进专利技术，我国硅钢产业不断发展壮大。由于坚持科技强企发展战略，父亲和他的同事们在掌握 230 项专利和 217 项技术诀窍的基础上，不断发展新技术、新工艺，大力开发新产品。至 1990 年，"一米七"开发创新的新技术项目达到 197 项，其中达到 20 世纪 80 年代国际先进水平的有 47 项。1989 年，武钢"一米七"轧机系统新技术开发与创新，获得冶金工业部科学技术进步奖特等奖，1990 年获得国家科学技术进步奖特等奖，同年，另一项获得国家科学进步奖特等奖的是卫星上天技术。

父亲（前排右三）与湖北省质量奖评审组成员在武钢合影

凝聚智慧与力量，父亲再一次把眼光和研究的方向投向了硅钢生产关键技术的应用和发展上面，并为此狠下功夫。当时硅钢生产关键技术在中国的应用主要有：

（1）纯净钢冶炼与配套的技术，包括：1）铁水三脱（脱S、P、Mn）；2）转炉顶底复合吹炼；3）二次精炼（RH）；4）快速分析；5）保护浇铸。

（2）板坯连铸技术，包括：1）直弧连铸机；2）电磁搅拌；3）轻压下；4）CSP、ASP（武钢、马钢、鞍钢）、ESP（日照钢厂已引进可开发硅钢品种）；5）E^2strip（东北大学开发，未产业化）。

（3）板坯加热工艺及相关热轧工艺，包括：1）HiB钢高温加热炉及工艺（MnS+AlN，1370~1400℃，武钢）；2）一般取向硅钢高温加热（MnS，1350~1370℃，武钢）；3）一般取向硅钢中温加热（Cu_2S+AlN，1280~1320℃，武钢）；4）SL钢低温板坯加热（AlN+后续渗氮，1100~1150℃，宝钢、武钢、首钢）；5）立式板坯感应再加热炉（1100~1400℃，武钢、首钢）；6）高温板坯加热防氧化涂料技术（武钢）。

（4）常化（退火）酸洗工艺，包括：1）取向硅钢（HiB、SL）：高温加热→缓冷→保温→快速冷却→喷丸→酸洗工艺；2）高牌号无取向硅钢：退火→喷丸→酸洗工艺。

（5）冷轧（时效轧制）与新型轧机上的关键技术和应用，包括：1）采用时效轧制工艺生产HiB和SL（HZ20轧机，武钢、宝钢、首钢）；2）6HCVC-HS轧机（武钢）；3）用酸轧联合机组（CDCM）生产无取向硅钢带材。

（6）连续退火与设备的多功能化，包括：1）连续退火线采用快速感应加热（宝钢、武钢、首钢）；2）高牌号无取向硅钢采用二段式连续退火（武钢、宝钢等）；3）双层连续退火炉（武钢）；4）头部无氧化加热炉（NOF）、SF炉，后部高温段及涂层干燥烧结炉采用漂浮技术（宝钢）；5）在连续炉上完成脱碳+渗氮工艺（宝钢、武钢、首钢）。

（7）涂层的关键技术和应用，包括：1）无取向硅钢，半有机涂层（目前社会上主要用的 T4 涂层）和环保涂层、自黏接涂层的开发与应用，太钢率先从奥地利引进 EB5300 环保涂液，国内自主开发的环保涂层（武钢、宝钢、太钢、首钢等）；2）取向硅钢高温退火前氧化镁加添加剂的隔离涂层，基本上国内已经自己供货，但是质量不稳定（武钢、宝钢、太钢、首钢等）；3）取向硅钢张力涂层（无机取向涂层），目前以 T2 为代表被广泛应用，但是成分中还有铬酸，因此正在开展环保新涂层的应用（武钢、宝钢、太钢、首钢等）。

（8）高温退火工艺及设备，包括：1）罩式炉（武钢）；2）环形炉（武钢、宝钢、首钢）；3）隧道炉（用隧道炉作为高温退火是民企首先采用的）。

（9）热拉伸平整（武钢、宝钢、首钢）：为进一步改善板形，在保温后端增设矫平辊，未达到预想效果。

（10）刻痕技术（武钢、首钢、宝钢及民企），包括：1）激光刻痕；2）为实现耐热磁畴的机械刻痕（武钢 2016 年 5 月已建成在线机械刻痕技术，并进行部分现场实验，可降低铁损 6%~7%，并能接受 800 ℃消除应力退火）。

硅钢厂生产现场一角

硅钢产品质量水平主要表现在：以铁硅为主要成分，从 1882 年英国人哈德菲尔特（R. A. Hadfield）开始研究硅钢至今，已历时 100 多年。中国硅钢生产从 1952 年算起截至 2023 年已经历了 71 年，冷轧硅钢自 1974 年算起，亦经历了 49 年。中国硅钢从无到有，从热轧硅钢起步到引进冷轧硅钢生产工艺与装备，期间经历了学习、消化、自主创新以及工序配套及管理思想的转型。至今，可以自豪地说，我们在硅钢产品磁性水平上已与国际硅钢生产王牌新日铁处于同一水平，凡新日铁可生产的牌号（包括取向与无取向硅钢），我们可以全覆盖。最明显的标志是国家重大电力工程所需高磁感取向硅钢及低铁损大尺寸的无取向硅钢，均可立足国内；其他如民用家电、汽车电机等所需硅钢，亦可根据用户新品开发要求而予以满足。

在硅钢产品质量的提升上，我们的突出成就包括：

一是热轧硅钢片属于落后工艺装备生产的产品，也是国家节能环保要求淘汰的产品，2003 年国家开始推行"以冷代热"（用冷轧硅钢替代热轧硅钢片）政策。2014 年我国彻底淘汰了热轧硅钢片，全面走向了冷轧硅钢时代。

二是在国家现代化建设中，硅钢需求持续增长。产能从 2012 年的 890 万吨到 2021 年的 1332 万吨，十年间增长了 49.66%；产量从 2012 年的 915 万吨到 2021 年的 1318.28 万吨，十年间增长了 44.07%，成为全球硅钢最大的生产及消费市场。

三是产品科技进步，高牌号（高效）无取向硅钢产量从 2012 年的 47.57 万吨到 2021 年的 255.83 万吨，十年间增长了 437.80%；高磁感取向硅钢产量从 2012 年的 40.5 万吨到 2021 年的 118.92 万吨，十年间增长了 193.63%。

四是 2017 年我国硅钢出口 45.68 万吨，已超过进口数量，至 2021 年累计出口硅钢 302.67 万吨，硅钢连续五年从净进口国成为净出口国，全面摆脱了硅钢依赖进口的局面。

五是特高压交直流输配电、载人航天工程、高铁、新能源汽车等重点领域用高等级硅钢以及家用电器、中小型电机、大电机、微电机、变压器等多行业用硅钢已全面实现国产化目标。

六是我国硅钢产业技术水平和产品质量历经引进、消化、吸收、快速发展等一系列变化，已走在世界前列。

持续不间断孜孜不倦地学习，可以说是父亲身上最为显著的特征，并贯穿了一生：在大学期间，他主修的是俄语，打下了扎实的俄语会话和阅读基础；1964 年，在鞍钢工作期间，他又自发参加了有组织的英语进修班，并获得了毕业证书，后经不间断的学习，基本具备了看英文书籍和同期翻译英文的能力；1975 年到武钢后，在紧张的工作之余，他又积极报名参加了业余日语学习班，熟知了日语基础对话和学习使用。多年以来，无论是在生产一线，还是在出国考察过程中，父亲均善于琢磨与思考，不仅写出了《以全面质量管理为中心，管理好引进工厂》《厂长要重视"智囊团"的建议》《提高企业素质途径的探讨》《厂长要学会做思想政治工作》《方针目标管理中应注意的几个问题》《提高企业素质的三条有效途径》《加强企业管理，提高经济效益》等一批工作研究和研讨性的文章，而且还先后完成了《冷轧硅钢引进技术特征和实践》《钢的质量现代进展》《电工钢的研制与开发》《2010 年前中国电工钢市场走势和对策》《中国电工钢发展现状及迈入新世纪对策》等一系列对硅钢新产品、新工艺研究探索性方面的学术论文，并在召开的硅钢学术年会和《电工钢》期刊上发表。

与此同时，父亲也十分注重我国硅钢产业发展及技术进步。1980~1983 年，父亲配合张明德厂长筹备成立电工钢学术委员会。1983 年经冶金工业部和中国金属学会批准，正式创办了电工钢专业学术委员会，挂靠武钢硅钢片厂管理。

40 年来，电工钢学术委员会经历了多次命名演变，如"精密合金与电工钢学术委员会""功能材料分会电工钢专业学术委员会"等。2000 年以来，我国冷轧硅钢产业逐步壮大起来，从武钢一家发

电工钢学委会成员座谈（左一为父亲）

展到十来家硅钢生产企业，学会的学术氛围也开始活跃起来。2008年学会正式向中国金属学会提出申请，经理事会审议通过，中国科协、民政部批准备案，2009年11月成立了国家二级专业分会——中国金属学会电工钢分会，并组建了第一届电工钢分会委员会，主要委员由硅钢生产企业和上下游主要使用厂家、高校、科研所、经贸等单位的主要领导、技术带头人组成，委员90余名，下设主任委员1名、副主任委员6名、秘书长1名，并确定电工钢分会与国家硅钢工程技术研究中心共同承办《电工钢》刊物。

父亲在电工钢分会曾担任过秘书长、主任委员、顾问委员。多年以来，分会不管在哪里开会，他都要去参加，特别是涉及硅钢行业发展、开展学术交流、推动科技进步、淘汰热轧硅钢片、推广"以冷带热"等方面，他都参与并给予指导。

40年来，电工钢分会在中国金属学会和武钢的支持和关怀下、在各委员单位的协同下，伴随着中国冷轧硅钢发展，积极开展硅钢专业学术活动，先后组织国内外学术会议 70 余次，召开中国电工钢学术年会十四届（次），发布论文 700 余篇，文字约达 500 万字；2008~2020 年间共撰写和发布《中国电工钢产业发展年度报告》13份（期），为国家相关部委提供信息支撑，2016 年电工钢分会被中国金属学会评选为先进单位；在国家大力推动"以冷代热"、淘汰热轧硅钢的产业政策下，电工钢分会与中小电机分会等单位积极开展政策宣传及推动工作，并于 2014 年完成这一目标；在"禁止使用二次油片"工作中，2006 年电工钢分会秘书长陈卓带领牛琳霞、朱久发等同志首次对二次油片进行调研，并形成调研报告，在当时武钢领导的重视下，上报工信部，2011 年工信部原材料司在无锡召开了二次油片研讨会，最终取得了重大成果，有效地限制或禁止了二次油片的使用，为我国变压器生产安全、净化市场发挥了重要作用；1987 年电工钢专业学术委员会与武钢硅钢片厂共同创办了《电工钢》，在行业中发挥了巨大作用，后移至国家硅钢工程技术中心管理，截至 2018 年共出刊 114 期（内刊），深受电工钢工作者的喜爱。2019 年，《电工钢》被国家新闻出版总署批准，成为公开出版期刊，也成为我国电工钢产业开展学术交流的重要平台。

父亲在中国金属学会特殊钢分会电工钢组首届年会上发言

第六章 攻克难关的攀登者

1985 年，武钢实现了对引进的日本专利技术的突破，独立完成了冷轧硅钢生产的全连铸生产技术及设备，为后续硅钢厂实现设备引进时的生产上限能力打下了基础。

1986 年以后，在父亲的参与和指导下，硅钢厂除了开发出国产取向硅钢级氧化镁 T2 绝缘涂层和 T4 无取向硅钢涂层等涂层、国产轧辊等配套产品、国内第一条取向硅钢高温退火炉等生产装备，还有一些自主开发的典范项目，比如：世界上第一座用于取向硅钢中间完全脱碳退火目的的双层钢带连续退火炉及其相关工艺、两座高温环形退火炉等共计 23 条硅钢生产线。

在这条技术创新的攀登路上，充满了坎坷和无数的艰辛。早在 1984 年父亲带领武钢硅钢代表团前往日本新日铁学习研修硅钢技术的时候，父亲就认识到连续退火线的 TAL 装置和环形炉高温退火设备的重要性，于是就布置了详细了解与学习连续退火线的 TAL 装置和环形炉高温退火设备的新的重要任务。他们克服重重困难，创造机会参观学习，终于不辱使命，推动了环形高温退火炉和 TAL 装置的广泛采用并逐步实现了国产化。在硅钢的后续技术改造与新硅钢厂的建设上，父亲虽然没有直接参与，但一直没有停止过技术方面的支撑，尤其是在一硅钢刚刚投产不久还没有达到设计生产能力的时候，就准备与考虑硅钢的技改与扩建了。可以说，第一硅钢厂建成投产后，产品在市场上的热销那一刻，父亲就心怀要建设更大更多的硅钢生产线为国家服务的梦想。他的这一理念，在后来武钢建

武钢硅钢生产现场

设二硅、三硅、四硅都始终起着重要的作用。

他在最初抓好生产与管理的同时，头脑中始终在思考谋划着硅钢厂的技术升级与技术改造。父亲心怀我国的硅钢事业，并为之奋斗，直到终生。

1987 年，硅钢厂在全体职工的共同努力下，通过不断自主开发和创新，全面实现了设计达产目标。之后，从 1987 年开始，硅钢人又花了近十年时间，在消化引进技术的基础上，为满足国家对高磁感取向硅钢的需要，通过不断的管理创新和质量持续改进攻关，使硅钢各项经济技术指标和产品实物质量均达到外国同类产品水平。

历尽千辛万苦，完成了取向硅钢全面高磁感低铁损产品化技术改造，实现了高磁感取向硅钢（HiB 钢）的稳定生产。

父亲（左一）与硅钢厂第三任厂长何礼君商讨工作

然而，正当大家满怀豪情、摩拳擦掌向一个又一个未知的禁区探索攀登时，一个噩耗却突然降临——父亲的恩师加兄长、老厂长、时任武钢钢铁研究所所长的张明德在北京出差时，突发疾病不幸离世。全体硅钢人和熟悉张明德同志的人获此噩耗，感到无比的悲痛，他们为痛失这位德高望重的老领导、老专家而惋惜和痛心……

1986 年 10 月，组织决定调我父亲到武钢钢研所工作并任研究所所长，再一次接替张明德伯伯的工作，父亲接此任命深感责任重大，如履薄冰。在父亲刚进入拥有 1500 多人的钢研所时，首先遇到了三道"门槛"。

一是由于钢研所是一个知识分子扎堆的地方，"文化大革命"期间，各种思潮和派系斗争比较严重。而在"文化大革命"结束后，一些遗留的思想和具体的问题尚没有得到妥善的处理和消除，所内外同志间隔阂十分严重，有些思想上的疙瘩没有解开，使许多正常的工作无法开展，严重地影响到了正常的工作。一个十分具体的问题就是："文化大革命"时期群众斗群众中相互张贴的大字报仍然保存着，并且堆满了两个房间，无人敢拍板做出处理。怎么办？1978年十一届三中全会至1987年都十个年头了，而大字报的保留，无疑使许多写大字报的人和被"揭发的人"心中的疙瘩和疑虑无法消除，许多知识分子心有余悸。

"'文化大革命'都过去了这么多年，这些大字报还保留它干什么？"父亲对这件事做出了坚定的表态。在党委和公司组织部的支持下，父亲和党委一班人决定将它们当众销毁，付之一炬，从根本上消除人们心中的疑虑和忧患。说干就干。在有组织的指挥下，大家兴致勃勃、兴高采烈，打开了尘封的房屋，七手八脚地将各类大字报抬到了焚烧场地，点燃了它。看着熊熊燃烧的火焰，多少人流下了激动的泪，多少人沉默地低下了头，多少人脸上洋溢着开怀的笑……大家终于都可以放下思想上的包袱，身心轻松地走向工作岗位，专心自己的工作了。

二是当时正值改革开放初期，市场经济初见端倪，想去广东深圳、珠海等地下海经商热潮的兴起，对一些知识分子产生了极大的诱惑，很多技术人员思想不稳定。他们有的想跳槽，另谋出路，却一直左顾右盼，下不了决心；有的技术人员自己想辞职开办公司，下海经商。父亲和党委一班人发现这一苗头后，一方面要求广大干部要认真做有思想波动人员的思想政治工作，让他们安心本职工作；另一方面做出明确表态：对确实想要离开本单位的员工，只要个人提出正式书面申请，组织可以批准，绝不阻拦。经过多方的努力和工作，后来形成了雷声大雨点小，无人提出正式申请离职的局面，只有个别同志不辞而别。

三是研究所人员构成复杂，知识分子多，社会关系复杂，小道消息多。父亲在掌握了这些情况后，明确表示，只要广大领导干部坚持政治清明，廉洁奉公，秉公办事，重大问题做到公开、公正和透明，通过党内民主生活会和职工代表大会、领导干部同职工对话会等多种形式，把职工关心、关切的问题，向他们讲清、讲明，就一定会解开群众心中的结，就一定会使正面的声音压倒不实的消息，让小道消息无处藏身、不攻自破。这一做法得到了群众的支持和谅解，很多小道消息和不实的信息从此没有生存的空间。

父亲（后）与科研人员在实验室交流

在充分调研的基础上，父亲紧紧依靠党委一班人，用 3 年的时间逐步厘清了各项关系，确立了明确的发展目标。

首先是坚持正确的科研方向，利用现有的技术、人才、装备优势，牢固树立为武钢生产科研进步服务的思想。每年钢研所的方针目标中，百分之百地承接集团公司方针目标、经营计划中的有关科

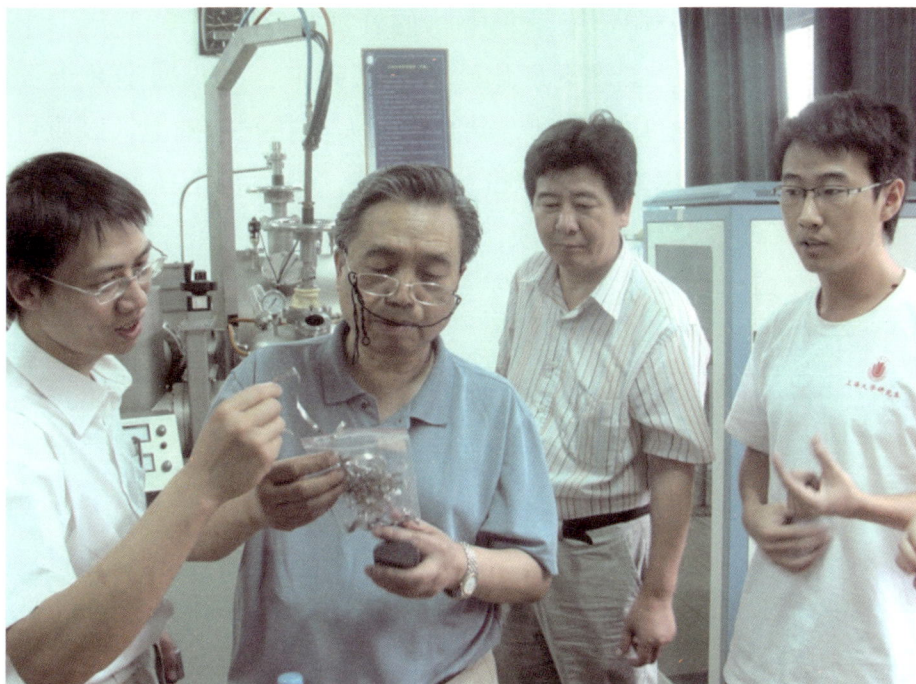

父亲（左二）在实验室现场做课题检查

技进步项目。同时，每年对技术部门下达的各类计划涉及的项目不折不扣地认真贯彻，使公司的具体技改工作得到全面落实，完成计划职能中分配给钢研所的任务。起初钢研所的科研攻关人员每年在 150 人左右，很快就发展到了 200 余人，占科研人员总数的三分之一。对于武钢生产和经营中出现的各类相关问题，明确钢研所的科研人员不仅采取"立即办"，而且"全方位"地进行跟踪服务。

其次是理顺所内外关系，创造适合科技进步的良好环境。明确提出钢研所的工作以科研为中心，厂前化验室为重点，其他各条战线均服务于科研和化验。这样就形成了全所的工作主线。

三是不断探索内部科研体制改革，增强活力。在思想品德培育、分配制度倾斜、重点服务武钢、统筹各方利益上，支持科研技术人员找课题、想问题、攀高峰。

四是坚决贯彻公司"七个集中"的管理决定，自 1988 年下半年开始在集中原第一、二炼钢厂化验室的基础上，又收回了 8 个厂的化验室，组建 6 个检化验车间，共 500 余人。在此基础上，以质量管理为中心，强化各项基础工作和专业管理，先后在全所制定管理标准 19 个，修订各种制度 123 项，完善了质量职能分化，改进信息管理、专业管理，加强了设备、安全、计量、人事、财务、劳资、科技档案、物资等方面的管理。

这些说到做到的具体措施落地后，很快就产生了巨大的效应。我们来看看这样一组数据：1988 年至 1990 年，钢研所全部完成重点课题项目，有影响的产品项目研发化验合格率达到 98% 以上，全面完成了集团公司下达的 3 年承包经济责任制目标。制定的 3 年目标措施顺利实现，产品鉴定成果数、科研攻关数、成果推广率、经济效益等各项指标均全面超额完成。

一个风清气正、埋头苦干、拼命实干的风气在钢研所日渐兴盛。此时的父亲又将注意力集中到了年轻人的身上。为了培育他们学习外语的兴趣和热情，更好地学习和掌握外国的先进技术和知识，他倡议利用工作之余组建了英语角和英语夜校学习班，而且自荐当上了这个班的班长。一时间，钢研所的有些办公室在夜里依旧灯火通明，时而书声琅琅……

此时的父亲心系着硅钢，并且有更充足的时间和精力深度思考硅钢的生产、创新和发展方向……父亲着重对中国硅钢生产布局的变革进行了研究和思考：

截至 2020 年，中国硅钢产能及产线区域分布如下：华中地区取向硅钢 50 万吨，无取向硅钢 150 万吨，产线 3 条；华北地区取向硅钢 20 万吨，无取向硅钢 240 万吨，产线 4 条；东北地区取向硅钢 14 万吨，无取向硅钢 126 万吨，产线 5 条；华东地区取向硅钢 87 万吨，无取向硅钢 420 万吨，产线 23 条；华南地区取向硅钢 4 万吨，无取向硅钢 140 万吨，产线 4 条；西南地区取向硅钢 5 万吨，无取向硅钢

父亲（前排左二）在生产一线化验室调研工作

20万吨，产线2条。合计取向硅钢产能180万吨，无取向硅钢产能1096万吨，产线41条。

无取向硅钢的产能分布为：东北地区126万吨，占比11.5%；西南地区20万吨，占比1.8%；华东地区420万吨，占比38.3%；华北地区240万吨，占比21.9%；华中地区150万吨，占比13.7%；华南地区140万吨，占比12.8%。

取向硅钢的产能分布为：东北地区14万吨，占比7.8%；西南地区5万吨，占比2.8%；华东地区87万吨，占比48.3%；华北地区20万吨，占比11.1%；华中地区50万吨，占比27.8%；华南地区4万吨，占比2.2%。

截至2020年，我国已累计生产硅钢约12646.39万吨，其中无取向硅钢10004.07万吨，取向硅钢2642.32万吨。

并且对中国硅钢历年产量变化进行了原因分析。1990~2020年间，我国冷轧硅钢总产量的变化情况见表6-1。

表 6-1 1990~2020 年我国冷轧硅钢总产量的变化

年份	硅钢产量/万吨	取向硅钢产量/万吨	无取向产量/万吨
1990	10.3	2.6	7.7
1991	11.2	3.2	8.0
1992	13.2	3.3	9.9
1993	15.65	3.75	11.9
1994	16.8	3.6	13.2
1995	17.8	4.1	13.7
1996	17.9	5.5	12.4
1997	23.7	5.6	18.1
1998	26.76	6.96	19.8
1999	35.16	10.26	24.9
2000	48.64	11.04	37.6
2001	88.5	12.0	76.5
2002	96.48	12.88	83.6
2003	103.12	12.52	90.6
2004	125.2	12.5	112.7
2005	201.3	13.1	188.2
2006	263.48	20.08	243.4
2007	354.7	27.0	327.7
2008	383.56	33.96	349.6
2009	382.05	42.05	340.0
2010	569.76	53.54	516.22
2011	622.12	61.91	560.21
2012	641.92	75.77	566.15
2013	798.18	94.09	704.09
2014	809.98	108.36	701.62
2015	836.48	122.08	714.4
2016	1131.0	129.0	1002.0
2017	1009.9	110.46	899.44
2018	1016.14	121.89	894.25
2019	1069.4	142.91	926.49
2020	1118.11	157.62	960.49

在他看来，中国硅钢产量快速增长的原因主要有以下几个方面：

无取向硅钢快速增长的原因为：（1）"十二五"和"十三五"是我国经济建设发展最快时期，内需与出口拉动。特别是"十三五"期间，供给侧改革和一带一路倡议等政策极大地改善了硅钢产业环境，促进了各类电机及家电产品等下游市场的大发展，从而对硅钢片需求急剧增加。（2）对引进技术的不断学习与消化，特别是炼钢、精炼及原辅材料的解决，使冶炼纯净钢成为可能，为生产无取向硅钢创造了基本条件。（3）工艺设备的国产化，如生产无取向硅钢必备的连续退火线大批量建成投产。（4）某些国有大型企业利用冶炼纯净钢的条件向社会提供中、低牌号无取向硅钢的热轧卷，促进民营企业无取向硅钢的发展。（5）100万吨热轧硅钢片于2014年被彻底淘汰，为发展冷轧无取向硅钢腾出了空间。

取向硅钢快速增长的原因为：（1）市场需求的拉动，特别在"十二五""十三五"期间，国家对电力工业如各类电站的建设，特高压、配电、农电、轨道交通等电网的建设与改造等，从而加大对取向硅钢的迫切需求。（2）武钢于2005年左右摒弃多年沿用从新日铁引进的以 MnS 为抑制剂高温板坯加热生产一般取向硅钢工艺（加热温度要求1350~1380 ℃），改为采用以 Cu_2S+AlN 为抑制剂中温板坯加热生产一般取向硅钢工艺（加热温度为1280~1320 ℃），从而大幅度提高一般取向硅钢产量，且大大解放了原有高温板坯加热炉的生产能力，为生产高温板坯加热（加热温度要求1400 ℃）的高磁感取向硅钢（HiB）创造了条件，使 HiB 钢产量迅速增长。（3）2005~2008年，武钢和宝钢都开展了板坯低温加热、后工序采用渗氮工艺生产高磁感取向硅钢的研究。宝钢于2008年按新开发的工艺生产出了高磁感取向硅钢，随后，武钢亦开发成功并投产，从而促进了中国高磁感取向硅钢的快速增长。通过工艺不断优化，目前的质量水平已达 B30R090、B23R080、B20R075，已处于国际领先水平。（4）个别国企向社会提供以 Cu_2S+AlN 为主的抑制剂中温板坯加热取向硅钢的热轧卷，为民营企业生产一般取向硅钢创造了条件。（5）生产取向硅钢大型设备的国产化，如常化酸洗连续线（APL）、具有脱碳和渗氮功能的连续退火线（CA）、环形高温退火炉（ROF）以及涂层热拉伸平整线（CT）等。（6）可轧制中宽带的ZR20轧机的国产化，对促进民营企业中宽带硅钢的生产起到了推动作用。（7）炼钢所需的原辅材料的不断优化与各种涂层材料的国产化。

父亲在学术交流会议上发言

在无取向硅钢与取向硅钢发展中，武钢一大批从事硅钢生产的技术人员走上社会，为各类意欲生产硅钢的企业服务，并已取得实际成果，为推动中国硅钢发展作出了贡献。

第七章　终端客户的服务者

1993 年，父亲已经 63 岁了，按国家规定已经"超期服役"了，他正式办理了退休手续。父亲退休的消息不胫而走，一时间，欲要应聘他的电话、书函不断涌来，各种游说开出的价码特别高，条件丰实，待遇优厚。而父亲却坦言：是武钢培养了我，给了我学习和创造价值的机会，我不缺钱，武钢是我的根，我哪儿都不去。退休后的父亲和母亲只是做了一个大胆的计划：就是跟着中央电视台《远方的家》剧组拍摄所走过的路线，做一次愉快完整的旅行。

父亲将这一消息第一时间告诉了已在武钢轧板厂总工程师岗位上退休的老同学夏培德。这位在东北工学院同窗数年的同学随即写了一首打油诗与之共勉：

> 六十花甲去日多，
> 苦辣酸甜历坎坷。
> "左""右""文革"连翩至，
> 少华时光尽蹉跎。
> 春回大地翅欲展，
> 夕阳西下叹奈何？
> 桑梓晚景堪称可，
> 漫步江边听涣歌。

听夏培德读罢此诗，两位老人哈哈一乐。

是啊，父亲很想"漫步江边听涣歌"，但组织上却没有让他回家休养，随即通知他到集团公司总工程师室报到并继续工作。父亲得知这一消息，百感交集，欣然前往。这一干，又是22年。

父亲在生产现场与用户交流

1993年，父亲在时任集团公司总工程师张寿荣院士的领导下，继续发挥余热，分管公司轧钢方面的技术工作。第一项任务就是带领40余名技术人员到武钢第一冷轧厂调研，对冷轧厂所有设备进行摸底，找出存在的问题，提出改造方案，为集团公司领导决策做好前期准备。经过数月紧张而有序的工作，工作小组很快就制定出了第一冷轧厂技术改造前期现场调研、改造方案、引进技术和重大装备国外考察、谈判和决策等报告，任务极其繁重，最后按设备名称、问题点、改进对策，列表造册报公司讨论决策。方案几经讨论修改通过后，武钢第一冷轧厂进行了全方位的"手术式"的技术改造。通过技术改造后的武钢第一冷轧厂，年生产能力由120万吨提高到170万吨。

武钢为了推动优质资产成功上市，成立了以硅钢厂和冷轧厂优质资产为主体的武钢股份公司。而在那段时期，由于国家数家企业均开始发展硅钢产业，加之国内许多用户还不完全了解和掌握新型冷轧硅钢片产品的性能和优劣程度，曾被誉为"皇帝的女儿不愁嫁"的部分硅钢产品，一段时期里，甚至出现了滞销。

　　为了打开冷轧硅钢片市场，促进销售，当时公司领导责成父亲专门筹建用户技术服务办公室，后来还让其担任了用户技术服务办公室主任。在古稀之年，父亲像三国时期的老黄忠一样，再度披挂上阵。组织上赋予他的主要任务就是面向全国用户，做好技术销售服务。

父亲（三排左十）参加 1998 年武钢硅钢重点用户技术交流会合影

　　为让用户更多地了解武钢产品特性及用途，他不顾年老体迈，走访华东、华南、东北、西北等地的电机、变压器制造厂家，交流信息，倾听意见和要求。在杭州、西安等地举行技术讲座，他亲自登台，深入浅出地讲解武钢冷轧硅钢片的特性。他还多次组织全国性的用户技术研讨会，并对内部销售人员进行技术培训，为广大用户更多地了解武钢产品、做好技术售后服务起到了很好的作用，受到了客户的高度好评。

20 世纪 90 年代末，俄罗斯硅钢大量进口到中国市场，对武钢硅钢形成了巨大挑战，对武钢销售产生了空前压力。为了保护国内硅钢市场和未来的良性发展，武钢向国家提出了反倾销申请。父亲作为反倾销案专家组主要成员，又像接到了战斗命令一样，十万火急，夜以继日地查阅了大量俄文期刊文献和专利，重点研究了新利佩茨克钢铁公司和维茨钢铁公司硅钢的生产现状及产品质量，为专家组在多轮谈判中争取主动、始终处于有利地位提供了证据。最终，武钢硅钢反倾销案获得胜诉。

据当时担任股份公司总经理办公室行政秘书的龚海菊回忆："那时，我每天都能看到两位年长的老者来公司上班，但并不清楚他们具体的工作情况，心中十分不解。直到有一天，时任股份公司总经理的邵为民同志在办公室很正式地对我说：'用户服务办的方总和黎教授，他们俩用车、出差坐飞机没有限制，因为当时集团公司对所有的领导干部用车和出差坐飞机管控很严格，而这两位老先生是我们武钢硅钢的资深专家，你们一定要做好服务'。从那时起，两位硅钢专家的高大形象就矗立在了我的心中。事实正如邵总所说，就是这两位资深硅钢专家为武钢硅钢市场做出了较大的贡献。他们不畏高龄，还利用节假日对股份公司销售人员进行技术培训。当时技术服务办公室得到公司及社会上客户的好评，因而在推广半工艺产品、以冷代热方面做出了重要贡献。"

为用户提供技术服务，不仅停留在纸上，停留在办公室里，更体现在现场。父亲的老同事计甫祥告诉了我这样一个故事：有一天，浙江杭州东南网架公司的子公司东南金属的董事长和总经理急切地从杭州萧山赶到武汉找到计甫祥，恳请他陪同去见一见父亲。

事情的原委是这样的：不久前，父亲回了一趟建德老家，又顺路去了杭州。东南金属的领导得知消息后感到疑惑，觉得父亲既然到了杭州，为何没来东南金属看看？东南网架的董事长就派东南金属的领导来武汉一探究竟。

浙江东南金属薄板有限公司创建于 2004 年，是由浙江东南网架集团与香港梅泰克公司于 2004 年共同出资组建的实业企业。公司注册资本 5200 万美元，总投资 9990 万美元，总占地面积为 250000 平方米，职工达 500 余人。公司专业致力于生产热轧硬卷、热镀锌卷、冷轧钢卷及硅钢等金属薄板，除了供给东南网架总公司外，还应用于家电、汽车、五金、建筑等行业。拥有较强实力的东南网架承建的国家重点项目很多，其中就有首都国际机场的第三航站楼及贵州的中国天眼等钢结构工程项目。东南金属公司主要有酸洗机组、冷轧机组、退火炉机组和热镀锌机组四大生产机组。其中，两条冷轧机组分别是从德国 SMSD 引进的世界技术领先的双机架 CVC6 辊可逆式冷轧机组和从日本三菱日立引进的单机架 6 辊可逆轧机生产线；从奥地利 EBNER 引进的年生产能力 30 万吨全氢罩式退火炉 20 座，50 万吨中国一重制造的平整机组一套。同时，引进配套意大利 POMINI 专业磨床一套和华辰数控磨床两套。拥有如此世界水准的加工设备，在国内民营企业中尚属首家，与此配套的其他生产线如酸洗、酸再生和热镀锌生产线、清洗、平整、重卷等生产装备均来自国内企业。

东南金属创建时，父亲曾给予关切和帮助。父亲从领导岗位上退下来后，在武钢股份技术服务办期间，也全心全力支持家乡民营企业健康发展。从该公司的工艺流程、设备配制、人员培训到各种规程的建立，倾心倾力地给予过指导；从设备安装、调试、试生产一直到各生产线正常运转生产期间，父亲除了亲临现场指导以外，同时还派出了已从武钢硅钢退休的熊裕贵、计甫祥等人到东南金属工作一段时间，直到该公司能正常生产才离开。父亲始终认为，能够利用自己熟悉相关企业和工艺流程的知识优势，无偿为家乡民营企业的发展做出点微薄之力，也算是对故乡和亲人养育之恩的回报。

之后多年，东南金属公司一直运行良好，效益极佳。而此次父亲回乡探亲虽然路过该地，为不打扰他们，便没有告诉东南金属的

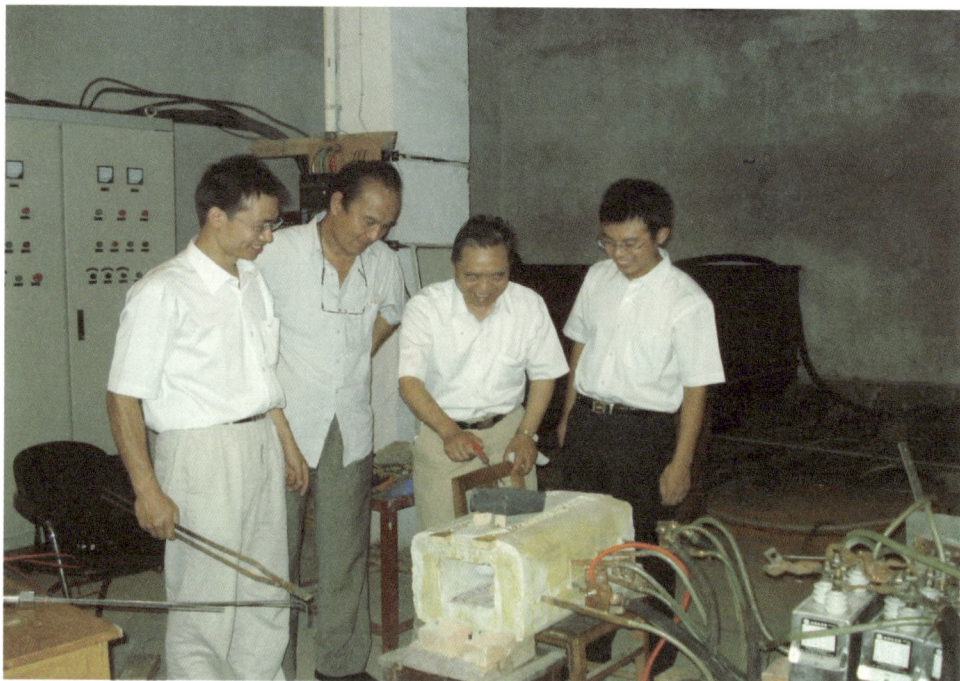

父亲（右二）走访用户

领导。但这对于东南金属公司的领导来说，他们不能接受这个事实。因为在公司创建初期及设备调试与试生产阶段，父亲曾多次来公司指导，有时遇到了问题，甚至连夜来武钢向父亲求助，均及时地使难题得到了解决。之后，公司生产趋于正常，父亲就渐渐去得少了。这一次竟然到了家乡的金属公司门口了，也不来公司看看，他们感到心中很过意不去。

父亲得知此事后，爽朗地一笑回答道：在有生之年，能够用自己的技术与经验帮助家乡人是应该的、高兴的、快乐的。不管国有企业还是民营企业，都是国家的基础工业，国家的发展与强盛，很大程度上都取决于我们的钢铁工业、硅钢的发展与进步……

父亲恰恰利用数次难得的跑市场的机会，得以对中国硅钢的产能现状和中国硅钢的发展现状进行了深入的调研和思考。

"十三五"时期，我国硅钢在生产、品种和专利上，均取得了巨

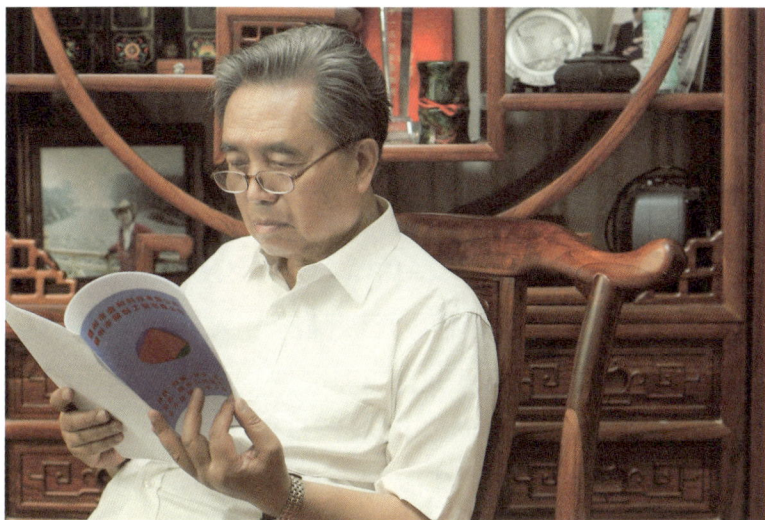

父亲在家中潜心学习

大进步，具体表现在以下几个方面：

一是硅钢生产上取得的进步，包括：（1）"十三五"期间，我国硅钢产能连续五年突破千万吨。2020年，我国硅钢产能已达到1276万吨，是1978年刚投产时的181倍，其中无取向硅钢产能为1096万吨，与"十二五"平均值相比，增长了19.78%；取向硅钢产能为180万吨，与"十二五"平均值相比，增长了125%；按2019年全球产能数据比，占全球硅钢总产能约65.16%。（2）"十三五"期间，我国硅钢产量连续四年突破千万吨。2020年，我国硅钢产量已达到1118.11万吨。在"十三五"期间，我国共生产无取向硅钢约4433.52万吨，与"十二五"相比，增长36.56%；生产取向硅钢约645.28万吨，与"十二五"相比，增长39.42%。无取向硅钢产能平均利用率为82.55%，取向硅钢产能平均利用率为82.22%，均在正常区间。按2019年全球产量数据比，占全球硅钢总产量约68.54%。（3）截至2020年，硅钢产业为国家经济建设作出了巨大贡献，如世界上电压等级最高、输送容量最大、输送距离最远、技术水平最先进的昌吉-古泉±1100千伏特高压直流输电工程，小浪底工程，三峡工程，青藏铁路工程，北京正负电子对撞机工程，神六和神七载人飞船工程，高铁等。

二是在硅钢品种上取得的进步，包括：（1）"十三五"期间，我国共生产高端硅钢 1273.8 万吨，与"十二五"相比，增长 90.28%，其中高牌号（高效）无取向硅钢生产约 830.14 万吨，同比增长 114.9%；高磁感取向硅钢（HiB）约 443.66 万吨，同比增长 56.68%。（2）"十三五"期末，我国高牌号无取向硅钢产量 200.29 万吨，占当年无取向硅钢总产量的 20.85%；高磁感取向硅钢（HiB）产量 92.51 万吨，占当年取向硅钢总产量的 58.69%。"十三五"期末与"十二五"期末相比，高牌号无取向硅钢、高磁感取向硅钢（HiB）产量分别增长 78.48%、11.92%。（3）我国硅钢从低端到中端、再到高端产品，已具备全覆盖生产能力，产品表面质量、板形尺寸精度、产品包装等均可与国外同类产品媲美。

三是在硅钢专利上取得了巨大进步。据统计，"十三五"期间，我国共申请硅钢发明专利 367 件、实用专利 54 件。"十二五"和"十三五"这 10 年间，我国累计申请硅钢发明专利 833 件、实用专利 98 件，为硅钢创新、科学技术进步发挥了重要作用，有些发明和实用专利技术已走在世界前列。

当然，在这期间，我国硅钢的发展也存在一些问题。我国硅钢自 1978 年实现工业化生产以来，在市场对硅钢需求的拉动以及国家政策鼓励下，硅钢产业得以实现大发展，如热轧硅钢至 2012 年有 14 家生产，产能达到 100 万吨，但后因冷轧硅钢的崛起及对品质、环保等的要求，国家曾多次明令要求"淘汰热轧硅钢片"，终于在 2012 年底基本实现了淘汰目标，比国际上晚了 45 年。

但目前我国硅钢产业依旧还存在着产品结构性过剩的问题。从 2016 年底的产能、产量、设备利用率、表观消费与实际消费情况可以看出，产能已严重过剩。2016 年，我国冷轧硅钢生产厂家发展到了 29 家［其中无取向硅钢企业 18 家，取向硅钢企业 15 家（含双功

父亲与后任硅钢厂厂长应宏交流工作

能企业 4 家）〕，硅钢总产能达到 1131 万吨，占世界总产能的 1/2；实际生产 864.8 万吨，其中取向硅钢 112.41 万吨，无取向硅钢 752.39 万吨。如按 CJ7411 合同引进的设计产能则无取向硅钢增长 238.6 倍，取向硅钢增长 46.1 倍（按 CJ7411 合同，当时引进生产能力是总量 7 万吨，其中无取向硅钢 4.2 万吨，取向硅钢 2.8 万吨）。随着近年来供给侧改革和在市场自我调节的作用下，产业结构已改善，但是低端产品结构性过剩的情况仍然存在。从市场需求看，由于产能大，低端产品竞争无序，已供大于求。此外国家标准中部分产品不适应市场需要，如国标 GB/T 2521.1 中，无取向硅钢 50W1300 产品牌号已取消，但市场上还在销售；又如宝武、首钢开发及批量生产的 0.20 毫米、0.18 毫米高磁感取向硅钢，已在立体卷节能变压器上使用及大量推广，急需在国标 GB/T 2521.2 中增补，紧跟国家《变压器能效提升计划（2021—2023 年）》步伐。市场上非标产品二次油片又开始冒头。2011 年，国家有关部门明文规定禁止使用"二次油片"，但近年来，在浙江、河北等地又发现"二次油片"的销售或使用（"二次油片"主要指拆下报废后的变压器中的叠片再重复使用）。"黑板"即类似普通碳板，替代硅钢混用或使用，制作电机马达，自身耗能大，不符合国家产品标准要求，在重庆、福建、广东、江浙等地有一定的市场。我国硅钢产品市场也存在质量参差不齐、全流程企业的产品综合质量优于半流程企业的产品质量（指只有冷轧流程的企业）等情况，在这期间都存在着，对我国硅钢的发展产生了一定的不利影响。相信随着未来发展新思路的出现，我国硅钢产品结构将进一步调整，在硅钢新的市场需求影响下，高牌号无取向硅钢与高效电机用钢产品将进一步加量。对取向硅钢而言，则要求规格更薄、铁损更低、磁感更高的产品产能进一步提升。其他为满足电子产业及特殊用途的冷轧硅钢带更有待开发。

为此，他还对当时中国硅钢发展现状提出了思考和总结。

当前，我国硅钢品种全覆盖，磁性水平已跻身世界一流团队。生产工艺技术上，已掌握超高纯净钢的冶炼，足以保证高质量中、高牌号无取向硅钢的生产；取向硅钢三种不同抑制剂、三种不同板坯加热温度都已在实践中掌握，并取得高水平的结果。硅钢所需要的主要工艺装备都可立足于国内，唯有二十辊轧机国内与进口相比存在较明显的差距，主要表现在厚度控制水平上，亦说明轧机制造精度及相关控制设备、自动化水平上还存在差距。其他如原辅材料可基本满足，唯独取向硅钢用国产的 MgO 与国外进口的相比还有差距，表现在不稳定上。

当前，我国硅钢制造工业形势总的评估为：质量提高，发展迅

父亲在参加学术交流活动

速。以武钢和宝钢为代表的我国硅钢企业，正在逐步提高产品性能，如大功率发电机、超高压大型变压器等高端设备铁心材料全面国产化，进口量降低。

同质化竞争严重，部分产品产能严重过剩。2008 年，我国冷轧硅钢产能为 383 万吨，占世界 47%。2013 年以来，我国硅钢产能突破 1000 万吨，占比达到 65% 以上。但是产品大多集中在中、低牌号无取向产品，利润空间压缩极为严重。

高端产品的生产仍然有待提高。21 世纪以来，虽然我国硅钢产业取得了长足的进步，但是在超低铁损取向硅钢、高牌号无取向硅钢、高效电机硅钢等领域仍有待提高。

创新性技术开发缺乏。我国硅钢生产技术主要以日本为模板，包括钢水纯净化冶炼、取向硅钢渗氮技术、激光刻痕细化磁畴等系列技术，并没有创新性生产技术投入。

未来技术工艺的发展方向：在产能严重过剩、品种开发能力强大、磁性进一步提升潜力不大的情况下，我国硅钢发展应按照"十三五"计划要求，走绿色发展道路，在保证高质量水平的前提下，在节能降耗、减排、降低生产成本上进行硅钢生产工艺流程的革新。

父亲（右一）向冶金部老领导吴溪淳（左一）和张寿荣院士（左二）汇报工作

第八章　研究中心的倡导者

2003 年，据说有人形容当时的硅钢像只螃蟹，有八条腿。其意指硅钢的研发、生产、技术管理等分散在很多部门管，缺乏合力，导致武钢硅钢研发进程缓慢、产品质量不稳定、市场丢失等。当时的武钢集团高层做出决定，成立硅钢研究所，整合全公司硅钢力量，做强武钢硅钢。2003 年 8 月硅钢研究所正式挂牌。

关于父亲在硅钢研究所的故事，据后来成为国家硅钢工程技术研究中心办公室主任的龚海菊回忆道："那年 9 月，我有幸加入了硅钢研究所这个集体，在这里，我和方总成为同一个办公室的同事。在我加入后才知道，成立硅钢研究所的提案就是方总向武钢集团公司提出的。硅钢所成立后挂靠在武钢技术中心，除党群、劳资等行政工作接受技术中心管理外，其他科研课题立项指南编制、新产品试制、实验室和中试工厂建设等主要业务工作均由硅钢研究所负责。我当时就是负责硅钢研发的日常管理工作，这对我来说，还是有难度的，我虽然在武钢小股份工作过，但时间较短，对硅钢并没有深入的了解。怎样尽快进入角色，对于当时的我是很着急的。我很幸运，很快就找到了好老师方总，因为硅钢研究所刚成立，对硅钢科研课题研究方向和实验室及中试工厂建设究竟怎样做，方总都会提出一个总体方案，然后再组织专家委员会讨论。方总所有成文的资料都是由办公室打字，同时他让我校对并理顺文字。在此过程中，我遇到了不懂的名词、概念，或者是不明白为什么要做这些时，就会不停地请教方总，他老人家总是非常耐心、仔细地并从武钢集团公司整体利益的高度给我逐一讲解，让我对硅钢很快有了一个整体的认识和深入的理解，帮助我较快地胜任了新的工作岗位。

退休后的父亲（中）依然坚持在生产现场调研

父亲（前排左二）与张寿荣院士（前排左一）等专家研讨硅钢发展及战略

　　此外，方总还带了郭小龙、陈圣林、田文洲和朱业超4位博士，在专业领域给予他们指导，使他们快速成长为硅钢各专业领域的学科带头人。2008年7月，国家硅钢工程技术研究中心获得科技部批准成立，由时任集团公司总工程师傅连春同志兼任国家硅钢工程技术研究中心主任，硅钢就更显其在公司的重要地位。无论是硅钢研究所的成立，还是国家硅钢工程技术研究中心的成立，方总都是策划者之一，特别是国家硅钢工程技术研究中心接受科技部答辩过程中，方总是参与答辩的三人组（傅连春、方泽民、曹阳）之一。这个三人组是傅总工再三考虑后决定的，那时的方总是一个快80岁的老人，但是，他高瞻远瞩、思维敏捷、记忆超强，对武钢情况、武钢硅钢的情况，无论从发展战略、技术研究、产品开发、生产制造，还是市场营销全生命周期过程的情况，都了如指掌，是参与答辩的重要力量。最终，在大家的共同努力下，武钢硅钢顺利通过答辩，国家硅钢工程技术研究中心获得批准成立。

父亲（左三）和他的博士学生们在家中聚会

在硅钢研究所和国家硅钢工程技术研究中心工作期间，方总牵头或主导的科研及攻关项目很多，如高温 HiB 钢、低温 HiB 钢、硅钢极薄带、快速加热、CSP、激光刻痕等产品和前沿技术开发项目。此外，他还积极推动高端人才的引进和与国外硅钢技术的交流。毫不夸张地说，方总对武钢硅钢的发展，从科研体系建设、技术研究、品种开发、大生产制造、实验室和中试工厂的建设等都付出了卓绝的智慧和突出的贡献。在硅钢研究所或国家硅钢中心工作期间，方总不仅工作日上班，周末加班也是常事。记得有一次，方总要加班打印资料，办公室年轻人有时候会打趣地说，方总是工作狂，除了工作不会别的。这时，他就会很认真地对我们说，要做的事太多了，我这么大的年龄了，必须争分夺秒啊。方总患糖尿病 30 多年，他能始终保持精神饱满、全身心地投入工作，这得益于他有一个非常好的贤内助，他的夫人汪护士长。有时加班，我常常会听方总接到汪护士长的电话，提醒方总吃药。工作之余，方总有时也会谈到自己的三个孩子，说起他们小时候受的苦，说到他们的成长过程，特别是汪护士长为孩子们的付出。"

谈及父亲对硅钢研究所及国家硅钢工程技术研究中心的贡献，朱业超总有说不完的话、道不尽的故事，曾为我父亲写了一篇纪念性的文章《永远的"80 后"》。他在文章中叙述说：

进入职场，最大的幸运是遇到方总。方总是灯塔，在我彷徨的时候指引我前进的方向；方总是导师，用他博大精深的知识和经验指导我探索硅钢技术前沿；方总是榜样，教会我怎样做一个值得尊敬的专业技术人员。十几年了，追随方总的脚步，进实验室，下现场，走市场，访高校，一幕幕犹在昨天。和方总接触越多，越感觉他身上有学不完的知识和品质，其中对我影响最深的有三点：创新、开放、简朴。

（1）创新。方总 80 多岁还在钻研硅钢新技术，从极薄带到高硅钢，从耐热刻痕到高导磁合金，这些技术，从收集资料交流到做实验，无不是亲力亲为。方总常自称"80后"，这种对新技术的热切的探求，又有多少"80后"能比。

2005年到2009年这段时间是和方总待的时间最长的，那段时间方总作为三硅钢建设总指挥，我作为激光刻痕项目负责人，在方总的指导下，从前期的实验论证，到技术谈判，到安装调试，到出成品，经历了一项新技术产业化的全过程。激光刻痕作为一项直接降低取向硅钢铁损、提高产品附加值的技术，虽然已在国外某些企业应用，但国内尚没有先例，压力可想而知。方总通过广泛的交流，找到国外厂家，随后开展激光刻痕技术实施可行性的严谨论证。在论证过程中，从方案制定、取样、剪切、测试到联合实验，方总都亲自把关。论证通过后，在技术谈判过程中，又感受到了方总高超的谈判技巧。在谈判过程中，一部分人坚持要将铁损改善率列入考核指标，外方认为铁损改善率受原料磁性、表面涂层、晶体结构的影响，这些因素外方认为无法掌控，坚持不能列入考核指标。谈判陷入僵局。因为有前期论证实验的基础，加之外方要求的确合理，方总果断同意不将改善率列入考核指标，使谈判得以顺利进行。这充分体现了方总尊重科学、勇于担当的精神。

最紧张的是试生产的时候。毕竟是国内首条激光刻痕线，到底能不能降低铁损，降低幅度能不能达到预期，大家心里都没底。这段时间，我们经常站在连续铁损仪前面看铁损曲线，一看就是两小时，看完了又跟着取样车一起到质检站看大单片测试结果。方总在现场多年，70多岁了，走得比我还快，有一次他走在前面，被地爬车轨道绊了一个趔趄，惊出我一身冷汗。那段时间，方总对待每一块刻痕样品，就像对待自己的孩子一样。硅钢片在拿取过程中如果出现弯折变形，会导致性能恶化。有一次看到一个工人单手拿着剪下来的大单片样，方总用恳求的语气对他们说："拜托你们拿样品的时候小心一点，用双手托着样品，不要让它产生变形，不然我们的心血就白费了。"

经过一段时间的生产，终于稳顺。刻痕后铁损普遍降低1~2个牌号，三峡大坝变压器也终于可以用上我们国产的取向硅钢片了。大家都很欢欣鼓舞，方总只是微微一笑。因为他要实现的创新技术还有很多，从来不在现在成绩上沾沾自喜，眼里永远盯在另一项新技术上。

（2）开放。方总的思想一直是开放的，从来不因为当时武钢的先进而觉得民企就没有值得我们学习的地方，也不会因为高校缺乏实践经验而觉得没有和高校交流的必要。

有一次，方总带我去了南方某民营取向硅钢生产企业。在我看来，这家企业装备条件非常差，产品表面质量也很不好，花纹、露晶、颜色发白等缺陷很多。然而方总仔细带着我一条条机组地看，每条机组边看边能指出他们有哪些值得我们学习的地方。比如：看轧机的时候他会说，你看他的这个成品宽度比我们要宽得多，取向硅钢要轧宽还是很有难度的，民营企业还是敢干；又说他这个缝合机缝引带的方式值得我们借鉴，投资成本低，还能大幅提高成材率；看罩式炉的时候他会说，你看他的炉底板，用的钢级别不高，厚度也没我们厚，虽然换得频繁一点，但是成本还是比我们低。看完以后又要我取他们的成品样和过程样进行分析，比较我们在同板差、磁性能方面和他们的差异。经过磁性检测，果然成品磁感比我们高，成分检测发现和我们还是有一些差异，为我们今后产品升级提供了很好的思路。

方总作为干了一辈子硅钢的老硅钢专家，其兴趣却不局限于硅钢，对于与硅钢相关的技术，并进一步延伸到磁性材料、薄膜等都有浓厚的兴趣。

有一次方总带我去北方一个高校，和一个从事电化学的老师交流。这位老师连硅钢都没见过。我心想：我们搞硅钢的和他们能交流啥呢? 然而, 在参观了他们的实验室, 交流了一下以前的研究方向, 并与硅钢一结合, 我才发现: 他们的技术对于薄材的制备具有独特的优势, 而硅钢越往薄的方向发展, 生产难度越大。另外, 在硅钢涂层方面, 对我也有很大的触动, 他们的技术可以彻底绕过现在硅钢涂层的形成方式, 以一种更快速高效的涂层形成方式颠覆现有工艺流程。这次的交流影响了我对整个硅钢发展的看法。随着近几年国内硅钢生产技术的飞速进步, 性能提升已经接近极限, 今后硅钢发展方向在哪里? 通过跨学科的交流我才发现, 硅钢技术将来要有突破性的或颠覆性的发展, 一定要跳出原来的学科范畴, 从多学科交叉中找到发展方向。

(3) 简朴。这么多年来, 有两个场景始终存在我脑海里。

一个场景是: 有一年夏天, 方总来研究院办完事后要去上他的绘画班, 我送他出去, 他没有打车, 而是很自然地走到马路对面, 上了一辆公交车。他一手拿着画, 一手扶着车门框走上公交车的背影, 我终生难忘。他是没有钱打车吗? 方总担任领导干部多年, 子女也都发展得很好, 以他的收入或家庭条件, 不管多远, 出门打车都不在话下。然而他已经把简朴当作一种习惯, 与经济条件无关。

另一个场景是: 有几次方总到研究院来找我谈事情, 谈完了到吃中饭时间, 我们一起到马路对面小面馆吃一碗面。看他吃得津津有味, 我心想: 这真的是一个对生活没有追求的人, 我如果是他这个身份, 有他的家庭条件, 还会经常在小面馆吃碗面对付吗? 他边吃还边对我说: 有一回他儿子带着他到万达广场那边去看房子, 想吃碗热干面, 人家说一碗热干面几十块, 他当时就不吃了, 说:"外面一碗热干面几块钱, 你们这是啥面要几十块?"

一个人经济条件不好的时候简朴不难, 一个人一段时间简朴也不难, 难的是不管经济条件好不好, 一辈子都能保持简朴。当然, 这对方总来说也并不难, 因为这种简朴并非刻意为之, 早已成为一种习惯, 一种流淌在血液里的品格。

我眼前经常能浮现出方总笑着和我们说他是"80后"的样子，那是何等的豁达、睿智，又充满活力。他的心理和精神状态确实一直保持着"80后"的状态——富于创新精神，对新知识充满好奇，乐于和年轻人交流。我多希望他在生理上也一直是"80后"，岁月不要在他身上留下痕迹，在我疑惑的时候、迷茫的时候指引着我，哪怕只是说一声"小朱啊……"，也让我感觉到有了倚靠。

据父亲在研究院的学生田文洲回忆：2008年初，他在完成现场近两年的实习后，正式分配到武钢研究院硅钢研究所从事硅钢的科研工作。到所里的第一周，就认识了传说中的父亲，在田文洲的眼里父亲属于那种天庭饱满、地阁方圆的典型贵人面相。虽已年过七旬，戴着一副老花眼镜，但精神矍铄，眼神里透出智慧的光芒和长者的深沉，具有天生的亲和力。父亲同他交谈时，语气和蔼，娓娓道来，时不时蹦出幽默的句子，让人有如沐春风的感觉。田文洲介绍说，他印象中的父亲的眼界很开阔，总是站在武钢硅钢发展的前沿。当年，武钢引进的新日铁高温HiB钢种在产品质量和制造成本上面临很多工艺瓶颈，低温HiB钢的工艺技术日本又不愿意出售，父亲就组织科研力量自己摸索低温HiB钢工艺。他记得当时在一硅钢的CA6机组跟踪渗氮工艺时，父亲时常跑到现场确认生产情况，与大家交流这一新工艺的开发思路，并预言这种工艺将来一定会代替高温HiB钢钢种，鼓励他们多思考、多验证、多创新。

在他的印象里，父亲也非常重视对硅钢人才的培养，专门从日本聘请老专家来讲授取向硅钢的工艺、装备、检测分析等诸多课程，现场生产的很多人员也都前来参加，大家都觉得受益匪浅。

硅钢研究所日常办公在武钢研究院大楼，科研做试验在厂区的中试工厂，相距8公里左右，往来甚为不便。在中试工厂时，常为了取向硅钢的品种开发要做一些诸如轧制、退火、涂层、制样等工作，经常能在中试工厂看见父亲的身影，手上提着一个装得鼓鼓的黑色公文袋。田文洲回忆道："近八十高龄，还时常来现场指导我们试验，传授他的经验和知识，还总能提出一些新奇的想法，鼓励我们多去尝试和验证。我们试验过程中经常会遇到一些出乎意料的问题，比如轧制厚度不均匀、退火时脱碳效果不受控等，总会互相吐槽；方总却从没有抱怨过，主动和我们一起分析原因；积极找公司协调一些资源，为我们改进试验条件。时常从他那个神秘公文包里拿出一些资料供我们参考，有些是设备和工艺参数，有些是工艺试验规律曲线，空白处方总用不同颜色的笔写了很多的备注信息，这些都是他做了一辈子硅钢的技术积累和经验沉淀。方总经常跟我们说的一句话就是：'技术，就是知识的积累。'"

父亲待人随和，与之交谈如沐春风，田文洲他们时常听父亲讲起数十年前武钢硅钢从奠基到自主开发出中温取向硅钢、低温 HiB 钢的艰辛历程，在 20 世纪五六十年代物质短缺的时候，一代代硅钢人的艰辛付出，才有了武钢取向硅钢在行业内长时间的领先地位。

提到对父亲的印象，父亲在研究院的学生郭小龙也感慨颇深。在他的眼里，父亲就是那种理想坚定、知识渊博、德高望重、待人谦和的老先生。在武钢硅钢研究所成立之后的十几年中，父亲一直非常重视硅钢技术的传承和人才的培养，亲自指导和帮助年轻的科研人员。郭小龙和几位同事得到方总的教诲相对较多，有幸被方总称为他的学生。父亲对他们的教导很多，通过言传身教，让他们领悟到了老一辈知识分子高尚的情操和优秀的品德。

最让他们感动的是父亲那争分夺秒、刻苦勤奋的敬业精神。国家硅钢工程技术研究中心成立时，父亲已经 80 周岁，但他丝毫没有受到年龄的影响，仍每天思考，聚焦硅钢研发技术问题，督促试验的开展，听取重点试验总结和分析，给出指导意见。记得当时取向硅钢表面质量问题较多，父亲非常关注，密切跟踪现场试验，同时还查阅文献资料。有一次，父亲将一篇英文文献复印件交给郭小龙，让他参考学习，上面密密麻麻的是父亲英译汉的注释。父亲上大学时学的外语是俄语，而非英语，可以想象 80 多岁的老人还在钻研英文专业文献，这是何等的勤奋敬业，着实令人动容。

当时硅钢中心还有专车，负责接送父亲的司机是最辛苦的，几乎天天往中试工厂或生产现场跑，郭小龙他们也经常"搭便车"进厂跟踪试验。父亲的司机从来没叫过苦，总是对父亲的敬业精神啧啧称赞，敬佩不已。

很多人不解，七八十岁早就该颐养天年了，父亲为什么还那么"拼搏"？郭小龙觉得，是父亲心中对硅钢的情怀、对武钢的情怀，让父亲放心不下，依依不舍，鞠躬尽瘁。父亲见证了武钢硅钢的诞生、发展、壮大和再发展，对武钢硅钢有着深厚的情义，视为己出，时刻关心呵护。武钢硅钢技术的发展，对他来说不再是一份工作或职业，而是沉甸甸的使命和责任，值得终生为之奋斗。

最让郭小龙敬佩的是父亲在工作中的创新精神。虽然年长，但父亲的创新精神始终如一，历久弥新，比年轻人的创新意识都强。父亲牵头或主导的创新工作很多，比如高温 HiB 薄材、低温 HiB 钢、硅钢极薄带、快速加热技术、CSP 技术等。基于他丰富的经验和高远的见识，父亲提出的绝大部分创新思路都符合硅钢行业的发展，都是前沿技术或关键战略性技术。更可贵的是，父亲不但提出这些创新思路，在具体的落实过程中，也亲力亲为，寻求资源来支撑工作的推进。在这一过程中，硅钢中心的人员得到锻炼，技术实现突破，产品完成更新换代，保障了武钢硅钢的持续领先地位和水平。以低温 HiB 钢技术开发为例，就是父亲最早策划，并在硅钢厂推进落实。当时整个工作在研究院内部称为"F 工程"，有人说是为四硅新建储备技术的"Four 工程"，有人说是武钢硅钢的未来工程"Future 工程"。现在"F 工程"已经成熟，低温 HiB 钢年产量 60 万吨，保持为全球取向硅钢产量最大的单厂。父亲的贡献不可磨灭！

据日本资深的硅钢技术专家、父亲的老朋友西阪博司回忆：从

1987 年他第一次与父亲见面到成为相互尊重和信赖的挚友，至今已经过去 36 年了。在这段一生难忘的岁月中，作为日本新日铁方主要负责武钢硅钢扩建工程项目的责任人，他对参与该项目的所有中日双方的技术人员，对该项目付出的努力和敬业精神深存感谢与感动。特别是武钢硅钢项目的主要负责人之一的父亲在工作中给予他的配合和很多符合实际的有效建议，推动了该项目在预定时期内圆满完成。

1987 年 3 月，为了武钢硅钢扩建工程的设备计划预案，西阪博司带着相关技术资料访问武钢。这是他第一次访问武钢，也是第一次结识了我的父亲。当时，他是带着他的前辈高田胜義先生的叮嘱前来与父亲见面的。高田先生也是在前期硅钢建设工作中与父亲结下深厚的友谊而成为朋友的。武钢硅钢扩建工程，可以说也是倾注了日本新日铁八幡电磁钢板部工作了 20 年全部经验和心血的项目。从 1987 年 3 月第一次为该项目筹备访问武钢，顺利完成了武钢硅钢扩建的基本规划制定和出台、技术附件的制作、合同谈判和设计审计。第二年，西阪博司代表新日铁作为这个项目的负责人常驻武汉，参与了扩建工程从始至终的所有工作，前后历时 11 年，包括从设备保证测试的实施和操作指导的实施，也见证了以父亲为主力的一大批优秀的武钢人为中国、为武钢硅钢事业做出的重大贡献。

1987 年 10 月，他带着武钢硅钢扩建项目备忘录案和设备的基本计划书第二次到武汉，和当时的以武钢总工张寿荣先生为首的这一项目主负责人武钢副总经理周良俊先生及方泽民先生、武钢硅钢厂第三任厂长何礼君、副厂长曾光华及武钢硅钢技术人员、相关的设备人员，就工程各方面进行了多次商讨。会议讨论期间，曾出现很激烈的争论。关于工厂布局，日方建议把刚建成的轧辊厂做合理的搬迁。这对当时的武钢硅钢的决策者们来说，是一个完全出乎意料的提议，由此带来许多困惑。为此，双方进行了很激烈的多次讨论。最后通过论证评判，达成共识，实施轧辊厂的整体搬迁，可以保证未来硅钢再扩建留有的空间和自由度。与此同时,父亲以独特的眼光对脱碳退火设备的扩建案也提出了自己的建议,双方一致认定这是一个很合理的方案,它在不影响总体计划进行的情况下使施工更容易,而且具有世界性的领先水平。父亲站在中国硅钢、武钢硅钢发展的高度,其扎实的洞察力和对事业的热爱,给西阪等日本专家留下了深刻的印象。

武钢硅钢扩建工程是一个很大的项目,在建设过程中,自然免不了出现各种各样的问题,但每次双方人员都能在相应较短的时间内集中探讨予以解决。这些均得益于父亲和所有参与武钢硅钢扩建项目的相关技术人员的大力协助,遇事沉稳、不急躁地探究原因,给日方提供了各种建议,最终在日本专家和新日铁的预备方案与预备设备支撑下,完美地体现了同舟共济精神,一道道难题被攻克,一个个问题得到彻底的解决。工作中的难题被克服了,双方技术人员的感情也拉近了,以后,他们成了终身的挚友。

在对中国冷轧硅钢发展后备人才的培养上,父亲不遗余力地倾注了自己的毕生精力。在亲力亲为地引导年轻的技术人员关注、钻研世界冷轧硅钢最新技术动向,虚心向日方专家学习外,2004 年 12 月,在父亲的推荐下,西阪博司被应聘到武钢担任年轻的硅钢技术人员的导师,为武钢后续硅钢的发展和工艺流程的革新,做了大量的人才储备。

就是在那个时期,在父亲的指导下,他的团队开展了工艺流程的革新的探索。

(1) 关于取向硅钢工艺流程的演变和机理分析方面。

硅钢发展历史,实质上是一部炼钢技术的发展与金相、金物、金属热处理及分析检测技术发展的历史。炼钢装备技术的提高,使超纯净钢的冶炼以及微量元素控制精度的提高成为可能;检测手段的提高,对深刻认识各种因素对最终磁性的影响以及创新合理工艺有了科学依据。在以上前提条件下,生产高级无取向硅钢成为可能。

深刻认识取向硅钢的生产在全工艺过程的成分要求、抑制剂、织构演变等，为我们提高取向硅钢磁性水平指明了方向。具体来说，就是指抑制剂的选择及其在不同工序中的演变。可以认为，自发现 Goss 织构以来，全球从事硅钢研究的科学家就是围绕着抑制剂选择、演变与最终 Goss 织构之间的关系来进行研究的。为此，很多人奋斗终身。为简要说明问题，简单介绍一下不同时期的工艺流程与抑制剂的关系。

1）早期以 MnS 为抑制剂的厚板坯连铸工艺各工序的作用（板坯高温加热+二次冷轧法）。

本工艺在各种因素受控的条件下，可以获得很好的磁性。新日铁就是用此工艺生产出世界顶级的高磁感取向硅钢，命名为 HiB，并以此为荣。为减少板坯 1400 ℃ 加热带来的缺点，新日铁做了大量的工作，如板坯在普通炉中加热到 1200 ℃，出炉后进入立式板坯感应加热炉加热到 1400 ℃。由于入炉板坯温度高达 1050 ℃，升到 1400 ℃ 仅需 40 分钟，保温 15 分钟至出炉，一个循环总时间为 55 分钟，因此大大缩短了板坯在高温段停留的时间。加上采取氮气保护，所以熔渣减少，炉子寿命延长，板坯表面缺陷亦得到改善，成材率提高。至今，新日铁广畑厂也一直使用着本工艺。国内武钢引进的亦是采用这种工艺生产一般取向硅钢和高磁感取向硅钢。至今，武钢热轧三分厂仍使用此工艺，并于 2008 年增设了板坯感应加热立式炉，但使用不理想。本工艺共 14 道工序，其中前工序 6 道、后工序 8 道。

2）以 Cu_2S+AlN 为抑制剂的厚板坯连铸工艺各工序的作用（板坯中温加热+二次冷轧法）。

降低板坯加热温度，具有以下优点：防止产生液态渣，可减少加热炉停炉检修时间，提高成材率和节能；在板坯内减少不需要的粗大晶粒；与传统工艺相比可能取消再加热和预轧制。由于降低板坯加热带来的优点和巨大经济效益，各国硅钢工作者在如何降低板坯加热温度方面做了大量工作。首先取得的成果是苏联冶金工作者，

采用其独创的 Cu_2S+AlN 作为抑制剂，使板坯加热温度降到 1280~1320 ℃，后工序仍采用二次轧制法，同时其他工序工艺作相应调整，工业化生产出高级的一般取向硅钢（$P_{1.7/50} \leqslant 1.2$ 瓦/千克，$B_8 \geqslant 1.88$ 特斯拉）。该工艺在 2002~2004 年首先在武钢使用，钢种命名为 QRD，并按此工艺建设年产 16 万吨的一般取向硅钢专业生产厂。由于此工艺控制因素较容易，且稳定，因而其磁性水平亦处于一个稳定的高水平上。采用此工艺生产的 0.30 毫米厚的一般取向硅钢，铁损 $P_{1.7/50}$ 为 1.05~1.2 瓦/千克，B_8 为 1.88~1.90 特斯拉；如进行成分和工艺优化，磁性提升还有一定潜力，如采用激光刻痕，0.30 毫米厚 $P_{1.7/50}$ 完全可能达到 1.0 瓦/千克。目前我国民营企业生产的取向硅钢都以本工艺为主。

3）以 AlN 为主要抑制剂的厚板坯低温加热+后工序渗氮工艺各工序的作用（一次冷轧法）。

1989 年开始，日本新日铁八幡制铁所开发了板坯低温加热（1100~1150 ℃）的取向硅钢，称为 SL 钢，其磁性水平和铁损与 HiB 钢相当，B_8 稍逊于 HiB 钢，在 1.89~1.91 特斯拉。板坯温度降低的原因是，减少作为抑制剂的 MnS，而以 AlN 为主，其 AlN 部分来自炼钢，并经后工序高温常化，析出弥散的颗粒。另外，钢带经初次再结晶脱碳退火后，再进行 750 ℃（或 900 ℃）渗氮处理，在钢带中形成（Si，Al）N，在高温箱式炉（罩式炉或环形炉）中转换成 AlN 而起到抑制初始再结晶、促进二次再结晶发生与长大的作用，此抑制剂被称为后天获得的抑制剂。高、低温板坯加热两种工艺经脱碳退火时产生的初次再结晶晶粒尺寸明显不同，高温工艺的初次再结晶晶粒尺寸明显小于低温板坯加热的初次再结晶晶粒，前者为 10~12 微米，后者为 20~23 微米。目前，板坯低温加热工艺已成为我国生产高磁感取向硅钢的主流工艺。低铁损、高磁感牌号的高磁感取向硅钢如 B27R090、B23R080、B20R070 已可批量生产，且 B_8 已超过 1.9 特斯拉。武钢、宝钢和首钢都在不断优化此工艺。

（2）薄板坯连铸与薄带铸轧技术取得了一定的进步。

一百多年的硅钢生产历史，亦是工艺不断革新的历史。由热轧硅钢片转到冷轧硅钢带，是第一次工艺大变革。采用冷轧工艺以后，随着取向硅钢的开发、不同抑制剂的出现，以及前工艺冶炼、铸造的技术进步，对前工序就不断出现工艺流程的革新以及后工序工艺流程的简化与连续化。

从炼钢精炼直到生产出热轧卷，其变革的特点是减薄板坯和缩短工序，后工序不论取向与无取向硅钢都尽力采取一个轧程即达成品厚度，省去中间退火。再就是无取向硅钢部分品种采取酸轧连续生产（CDCM），传统工艺中的半工艺品种在西方至今仍然流行的是无取向中的大宗品种，它源于汽车板生产厂，是一种低碳钢、低成本的生产工艺，其最终退火与表面发蓝在铁心制造厂完成。该产品武钢在 20 世纪 80 年代就开发成功，在社会上推广做了大量工作，曾一度成为中外合资冰箱压缩机、电机的主要材料，但后因冷轧全工艺硅钢（无取向硅钢）的快速发展，成本逐步降低，且省去用户退火、发蓝工艺与设备，因而半工艺逐步退出市场。中国有几千家中小电机生产厂家，批量小、分散且铁心尺寸多样化，因而无法组织集约化生产，这亦是在中国半工艺产品推广不开的重要原因。就半工艺产品本身来说，按流程要求制成的铁心是最充分利用材料本身的磁性，属节能产品。

在美国匹兹堡考察阿里根尼一般取向硅钢生产流程时，他们的板坯就是从模铸经初轧开坯热轧成带卷得到的。武钢 1974 年引进签订的 CJ7411 合同，其中两大品种，即高牌号无取向硅钢与 HiB 钢，其板坯亦是模铸后经初轧得到的。在 20 世纪 80 年代，武钢为把模铸坯改为连铸坯做了大量的设备配套与工艺创新工作。板坯连铸（坯厚 180~250 毫米）不论国内外都是所有品种的主要流程。

薄板坯连铸连轧（CSP，坯厚 70~90 毫米），国内外都在开发生产硅钢并取得成效，至今生产无取向中、低牌号硅钢已成常态化。

在磁性上已证实，利用薄板坯连铸连轧（CSP）可以生产所有规格与牌号的取向硅钢，但至今表面缺陷如铁皮压入、保护渣卷入、炉辊划伤等，成为制约大批量生产取向硅钢的主要问题。

用 ESP（无头轧制）生产热轧带已表现出很大的优越性，但对生产硅钢的适应性国内还未认真开展。目前日照钢厂已引进 2 条 ESP 线，每条线的产能达到 200 万吨/年，且可以生产 0.8~12.7 毫米厚度。无头轧制克服了常规换卷带来的缺陷，并提高了成材率。

薄带连铸—近终成型生产流程是最先进的流程，起源于美国 Nucor 公司，已产业化。中国宝钢经过长期开发，现在宁波钢厂采用该流程，但以生产普碳钢为主，生产还不稳定。沙钢决定成套引进 Nucor 公司的技术与装备，每条产能 50 万吨，但以生产普碳钢为主。用薄带铸轧生产硅钢尽管已研发多年，但有所突破是在 2008 年后，东北大学轧制技术及连轧自动化国家重点实验室的研究团队在硅钢生产工艺与品种开发上取得的重大进展，有可能使硅钢生产的工艺技术产生颠覆性的革命。薄带连铸过程的优势是绿色、环保、低成本。从产线长度上比较，厚板坯连铸大于 600 米，薄板坯连铸约 400 米，薄带铸轧小于 60 米。

20 世纪 70 年代，世界第一次能源危机之后，国际钢铁工业面临着从各方面进行结构调整的重大课题，调整的核心是要求对长期采用的长流程工艺进行简化，以达到减少投资、节约能源并能生产出更薄更宽产品的目的。80 年代中期以后，国际上多家公司，包括德国的 SMS 和 Demag、意大利的 Danieli 和 Inuse、奥地利的 VAL、日本的 Somitomo 等竞相进行大量研究和开发，并取得突破。1989 年 7 月 21 日，美国 Nucor 钢铁公司采用 SMS 公司开发的 CSP 工艺在 Crawfordsville Indiana 建设生产线投产成功，标志着薄板坯连铸连轧技术在世界上第一次实现了工业化。1999 年 3 月，德国 TKS 厂投产的 CSP 生产线，被称为是二代的薄板坯连铸连轧生产线，并首次生产出无取向硅钢，硅的质量分数小于 2.4%，生产量为 5 万吨（钢水）。2001 年 8 月，意大利 AST 厂新建 CSP 生产线，这条线更突出 CSP 工艺在生产高合金成分的特殊钢（不锈钢、硅钢等）品种方面的开拓和进步。其设计能力为 100 万吨，产品结构为：奥氏体不锈钢、铁素体不锈钢、无取向硅钢（Si 的质量分数小于 3.5%），另外，还有少量的 C75 和 C100 高碳钢。2002 年 10 月，共生产 11.5 万吨（其中不锈钢 8.8 万吨，硅钢 1.7 万吨，铁素体不锈钢 1 万吨），硅钢中有 Si 的质量分数为 1.0%、1.8% 的无取向硅钢和硅的质量分数为 3.0% 的取向硅钢。曾与意大利 CSM 材料研究院负责人 A. Brosen 就生产取向硅钢问题进行技术交流，当时，他认为用 CSP 可以生产包括高磁感取向硅钢的所有牌号。

薄板坯连铸连轧工艺与传统厚板坯流程工艺比较有明显的优势：流程明显缩短，所需设备大大简化，占用生产场地面积相应减少，单位产品建设投资显著降低，降低能耗，劳动定员少，成材率高，作业时间短，生产成本比传统厚板坯连铸降低 18%。

中国用 CSP 生产硅钢是在国家科技支撑计划"新一代可循环钢铁流程工艺技术"项目推动下进行的。当时，中国工程院干勇院士对本项目予以特别关注与推动，并通过钢铁研究总院连铸中心与工厂结合，选择有条件的厂开展试验研究工作。2005 年 3 月 1 日，马钢采用 CSP 生产出中国第一卷相当于 50W540 的硅钢热轧卷。

目前，国内用 CSP 生产中、低牌号无取向硅钢已成常态化（武钢、马钢），高牌号还在开发中。取向硅钢在钢铁研究总院连铸中心与武钢的共同努力下，完成了国家科技部下达的钢种开发计划。武钢在高磁感取向硅钢开发上取得重大突破，基本建立并完善了工艺标准，目前 0.27 毫米厚 $P_{1.7/50} \leqslant 1.0$ 瓦/千克，$B_8 \geqslant 1.90$ 特斯拉，可批量生产。经过优化，进一步改善磁性是有潜力的，但因 CSP 工艺本身带来的先天问题，影响产品表面质量，需要进一步改善。

ESP 与 CSP 工艺流程性质基本相同，区别在于无头轧制，但在硅钢上的应用见得不多。应利用日照钢厂引进的 ESP 进行不同品种硅钢的开发，是一个很有意义的课题。

到 20 世纪 80 年代，美国、日本、德国等许多厂家宣布采用双辊或单辊铸轧不锈钢、硅钢，取得成功。1984 年，日本川崎制铁采用双辊法铸轧出 0.2~0.6 毫米厚、500 毫米宽的高硅钢及碳钢。

我国在硅钢薄带铸轧工艺的研究上也取得了一定的进展。1958 年，东北大学以王廷溥教授为首的一批青年老师即开展利用异径双辊铸轧机，采取轻压下快速铸轧的工艺路线研究，并在实验室铸轧出硅钢板和铸铁板，于 1960 年铸轧出宽 600 毫米、厚 2.0~2.5 毫米的钢板和铁板各百余吨，取得当时国际领先水平。后来受国内各种因素的影响而中断了研究工作，一直到 20 世纪 80 年代，东北大学才恢复这方面的研究工作。

第九章 硅钢事业的思想者

经过广大职工持续的努力工作和广大管理、科技人员的不懈奋斗和潜心研究，宝武武钢基地作为共和国冷轧硅钢的摇篮，数十年来通过引进、消化、改造、扩建、新建、自主创新、攻关革新、技术进步，其产品的综合技术水平已达到世界同行先进水平，产品质量完全可与国外同类产品媲美；产品从无到有，填补国家一大空白；产能从小到大，大步实现国产化目标；实现了我国硅钢产品从净进口国到进口量逐年下降再到成为出口国、从弱到强的跨越；硅钢整体产业在中国不断普及、发展壮大。

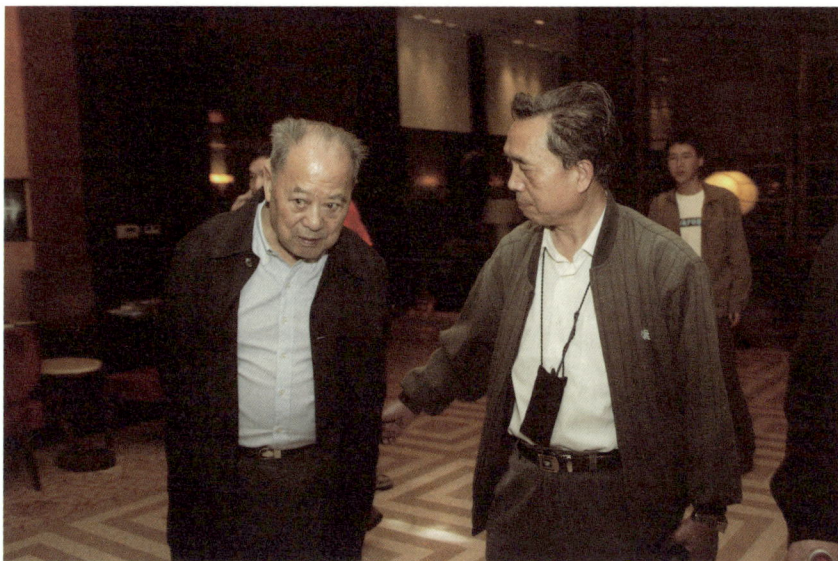

父亲（右一）向武钢老经理黄墨滨（左一）汇报工作

截至 2016 年，武钢硅钢产能已达到 200 万吨，成为全球最大的硅钢生产单体产线；其基地在新一代取向硅钢、高效电机硅钢的研制开发及装备集成创新上均取得重大突破，取得 80 项国家专利，其中 31 项发明专利，拥有 700 余个具有自主知识产权的硅钢生产技术诀窍、相关配套技术和科技成果；其二硅钢生产装备，已成为自主集成创新的典范，该集成包括世界上第一座用于取向硅钢中间完全脱碳退火目的的双层钢带连续退火炉及其相关工艺、两座高温环形退火炉等共计 23 条硅钢生产线等；其基地也多次获国家金、银质奖和部、省、市优质产品，1990 年获冶金部"实物质量达国际先进水平" 6 个金杯奖，2006 年又荣获"中国名牌产品"等称号；其产品在大型变压器、大型发电机、电动机和家用电器等领域中得到应用，如小浪底工程、三峡工程、青藏铁路工程、北京正负电子对撞机工程、

父亲获得的 2008 年国家科学技术进步奖一等奖证书

神六、神七载人飞船工程等国家重点项目及工程；其工艺技术及装备的集成创新，对提升我国钢铁工业及设备制造业的全面进步，起到了重大的推动作用，特别是洁净钢冶炼技术、RH真空精炼技术、连铸及电磁搅拌技术、热送热装技术、控轧控冷技术、连续退火技术及控制自动化技术等方面，在我国钢铁制造业中得到了广泛推广和应用。

为了这来之不易的巨大成就，父亲到了耄耋之年，仍旧以旺盛的精力和青春的活力，奋战在硅钢事业的前沿。父亲的挚友张凤泉感慨地回忆道：

"提起我的老师方泽民先生，可以说是无人不知，无人不晓。他在非晶领域的影响力却鲜有人知。

21世纪初，世界顶级非晶带材制造企业——霍尼韦尔公司计划出售在美国的万吨级非晶带生产线，一下子吸足了全世界的眼球。中国派遣了商务和材料专家团队赴美，计划拿下这一大单。可美方扬言，多少钱也不卖给社会主义中国，低价转给了日本日立公司，中国代表团无功而返。

2009年5月，美国华人在洛杉矶举办了一场新材料发展论坛，已离休多年的原武汉市科技局领导吴至诚先生，正在美国看儿子，参加了那次论坛，吴老先生被节能减排的非晶带产品所吸引，并将相关信息带回国内，不知通过什么渠道找到了我。当时恰逢方泽民老师正和我们研究提高HiB钢成材率攻关事宜，当吴老先生把美国华人论坛情况和非晶带的特点介绍完，方老师当即决定，请在霍尼韦尔从事非晶带研究和生产的美籍华人（台湾）林政贤博士来汉交流，时间就定在6月26日，希望第一条万吨级非晶带材生产线在武钢诞生。当时安泰科技上市不久，其非晶带生产线刚过千吨级。

当时N1H1正在流行，林政贤博士的武汉之行一拖再拖，一直拖到9月份解封。林博士从美国至中国台湾，再从台湾转到武汉，9月25日下榻，26日正式交流。听到采用颠覆性流程生产颠覆性软磁材料的那一刻，方泽民先生就好像与非晶带制造技术杠上了。上午交流四个小时，中午简单用餐，随后驱车回到公司，计划先建设一条万吨级非晶带生产线，等投产后，再增上四条，达到年生产量5万吨规模。最后由于林政贤博士的占股比例没有谈妥，万吨级非晶带生产线项目暂缓，但方老师的非晶热情一丝都没有减少，对非晶带的关注更加强烈。

当听说日本东北大学老校长井上明久要来天津的消息后，方老师责成我来联系，继续交流非晶技术事宜。2012年12月28日11：05，井上明久先生抵达武汉天河机场二号航站楼，方老师亲自迎接。感受到83岁高龄的方泽民先生的热情，71岁的井上明久先生感动不已。与硅钢一样，非晶的发明在美国，发展在日本，1977年新日铁开始研究非晶带制造技术，经过十年时间，已完全掌握，并于1987年将全部技术资料以入股的方式转给日立公司。为了发展中国非晶，方老师联系到了他的硅钢老朋友——新日铁的土桥先生，请他再次来武钢，并介绍新日铁研究开发非晶的情况，当时土桥已退休多年，在所在社区管理日常工作，不便来汉，可方老的热情诚恳再次感动了土桥，为武钢硅钢技术人员争取到了一场非晶技术的'盛宴'。"

硅钢厂退休职工吴建喻向我讲述了他与我父亲的故事。1985年，他在一线生产现场遇见我父亲。当时，已经关注他多时的父亲对他说："小吴，你要争取进入学校专门学习，提升自己。"事实上，能够考入大学提升自己是吴建喻多年的夙愿。但1978年全国高考报名后，他的准考证发到厂里时，却被当时车间领导以他当时是生产骨干，现工厂正处在生产试车时间为由，将准考证卡了下来不发给他，造成了他与此次高考痛失交臂。这给他的思想产生了很大的打击，使他之后的几年都不敢有再次报考大学的想法。我父亲得知此事后，就积极地鼓励他要重新燃起进入大学学习的梦想。当年，武汉冶金管理干部学院招生时，他立即向厂有关部门递交了报名申请，可又遇到厂主管科室负责人以专业不对口为由进行阻止。当听到这个消息时，吴建喻真的很沮丧。在此关键时刻，我父亲力排众议，亲自批准了他的报名申请，使他如愿报上了名并顺利考入学院。在他的眼里，父亲以他博大的胸怀，对职工真诚的关心，使他终身受益、感恩一生。2017年，已退休的吴建喻将自己写的《常化酸洗工艺及设备》文稿交给我父亲，征求父亲对书稿的意见。过了几天，父亲看了文稿后主动约他去我家，拿出了为他收集的资料送给他作参考，并恳切地对文稿提了修改意见，并给予了较好评价和肯定。临别时，还特地鼓励他将连退线工艺设备工作经验总结出来。父亲对硅钢晚辈的提携，无私的教诲，使他终生难忘并受益。父亲退休后，常常受邀为一些企业提供硅钢项目的咨询。有时，父亲也叫上吴建喻一同参与，使他能更多地了解硅钢发展的前沿技术，从中收获颇多，受益匪浅。

其实，通过学习转变命运的何止吴建喻一人。仅1984年，硅钢厂就先后派出各类骨干138人到公司内外的技术培训中心、专门训练班进行专业培训，被录取上职大、夜大、函大、中专和高中学习的职工共36人，组织自学成才职工参加高等教育考试的有30人，还有考取研究生的5人、出国攻读博士学位的3人。1984年8月，厂里成立了职工培训学校，大搞员工智力开发，并建立了图书室。

武汉科技大学教授、耐火材料与冶金国家重点实验室原主任祝洪喜老专家回忆说：2017年至2019年间，也就是疫情的前三年，年迈88岁高龄的方泽民老厂长多次到武汉科技大学与他进行技术交流，主要谈论的是耐高温复合材料应用技术和6.5%Si，这都是硅钢行业十分关注的重要话题。

父亲虽已办退休手续，但他还十分关心最前沿技术的研究。他与祝教授谈论最多的话题是世界超级硅钢6.5%Si。在他眼里，我国硅钢已发展40多年了，但我们在产品研发及新产品技术储备方面还落后于国外发达国家。从市场应用和文献检索看，日本6.5%Si的生产技术处于领先水平，但技术封锁严密，我们确实需要用自身的创新能力，来攻关开发6.5%Si，早日突破技术难点，尽快实现我国

6.5%Si 从实验室研究进而到工业化大生产。

世界超级硅钢通常指质量分数为 6.5%Si 的硅钢，具有低铁损、高磁导率以及近乎零的磁致伸缩等优异的磁学性能，对实现电机的低振动噪声非常有益，因而能够减小电器设备体积、降低能耗、减小噪声，可满足中大功率高速电机以及中高频变压器、电抗器的选材需要，不论是国防还是民用都具有非常重要的意义。日本钢铁工程控股（JFE）公司掌握了这项技术，该公司采用化学气相沉积扩散（CVD）法，是世界上唯一实现商业化生产 6.5%Si 的企业，生产 0.1～0.3 毫米厚、600 毫米宽的 6.5%Si 钢片。CVD 方法是将 $SiCl_4$ 气化，并在 N_2、H_2 等气氛保护下，在高温下与普通工艺生产的 3%Si 钢表面的 Fe 发生化学反应，生成硅铁化合物 Fe_3Si，并使之沉积在钢板表面，再在高温惰性气氛中保温，使表面富集的 Si 原子向钢板内部扩散，使钢板中的 Si 浓度达到 6.5%。国内一些高校和科研院所均在开发中。

父亲到武科大与祝洪喜教授科研团队就此问题进行了较深入的讨论。该团队就此技术路线进行了探索性研究，取得了初步效果。

父亲每次到武科大都要从黄陂区乘公交车转地铁到学校。一见面，他的话匣子就打开了，直奔主题，一是问新型复合耐火材料在硅钢连续退火及环形高温退火炉中的应用技术，二是送来硅钢小样，请祝教授做试验研究。他们从理论层面和生产实际方面进行了深入探讨，一谈就到中午吃饭的时间了。父亲非常简朴，每次来都在食堂吃工作餐。2019 年的一天，一大早他又来到学校，与祝教授特意谈到了环形炉用高温陶瓷炉底板试用问题。祝教授告诉他，炉底板在开发和应用上已取得突破，很快要在钢厂试用了。接着，父亲又问 6.5%Si 小试验有哪些进展，祝教授一一向他进行了汇报。又到吃午饭的时间了，祝教授总想安排父亲到餐馆去吃餐饭，可他还是坚持到食堂吃工作餐。

祝教授说："虽然这是一件小事，但我看到了方老的工作与生活作风，一种热爱硅钢一辈子、一种生命不息奋斗不止的情怀和精神，一直在支撑着这位令人敬佩的硅钢老人!"

钢研总院赵宇教授深情地回忆道:"作为晚辈,我是在 20 世纪 80 年代末认识方泽民先生的。那时我还在何忠治先生门下攻读博士研究生,研究的方向是锡在高磁感取向硅钢中作用机理。我清楚地记得那时方先生经常来北京出差,与何忠治先生合作编写电工钢方面的材料。方先生当时已是我国电工钢领域的顶级专家,在担任武钢钢铁研究所负责人的同时还兼任中国金属学会电工钢学术委员会的主任委员。当方先生了解了我的博士论文研究方向后,方先生当即表现出了极大的兴趣,对我的研究工作提出了很多指导性意见,使我有幸在刚刚踏入电工钢这一领域的门槛时就能够得到方先生这样德高望重老前辈的高水平指点,真是受益匪浅,可谓人生之大幸。

我于 1992 年顺利毕业并获得博士学位,留在钢铁研究总院继续从事电工钢的研究工作,我和方先生也结成了忘年之交。伴随着岁月的流逝,许多和方先生同时代的电工钢前辈陆续退出了电工钢这一领域,开始安享晚年生活。但是,方先生却始终活跃在电工钢的舞台上,他对我国电工钢事业所倾注的热情从来没有随着年龄的增长而稍有消退。方先生直到 80 多岁才从工作岗位上正式退下来,在享受晚年时光、醉心于书画艺术的同时,方先生仍然无时无刻不在关注着我国电工钢事业的发展,对后辈们的研究工作给予多方面的指导和建议。他时常与我长时间通话,详细讨论技术问题。记得武汉科技大学程朝阳教授曾经向我提起,她在从事 Fe-6.5%Si 合金的研究过程中,始终得到方先生的指导、帮助与鼓励。方先生晚年一直在思考我国电工钢下一步的发展方向。他曾多次对我讲,我国电工钢产品目前在磁性能上的进步空间已不大,下一步应努力在降低生产成本,缩短生产流程方面狠下功夫。我对此深以为是,觉得方先生的这一建议非常具有远见,与目前党中央提出的节能减排战略目标非常吻合。我感到,这一建议不仅仅是方先生对我本人提出的,同时也是对整个中国电工钢界发出的呼吁，是他老人家留给我们全体电工钢同仁的最大遗产。"

今天，中国的硅钢片生产基地和与其相关联的铁心产业链如雨后春笋，蓬勃生长，遍地开花。1978 年我国仅产硅钢 7 万吨，2020 年我国硅钢产量已经超过了 1000 万吨，而且顺利地实现了性能"高化"（即高磁感、高强度、低铁损）、产线"专精特新"化、装备"智能化"和产业"链化"。

据中国金属学会电工钢分会原秘书长、父亲的老部下陈卓介绍：目前中国硅钢片已经向着薄规格及极薄/超薄规格的方向发展。特别是薄规格已经迎来新时代，这些材料的技术要求以更低铁损、更高磁感、更薄规格、更加适用为目标，为实现电气产品的高频率、高速化、高效率、轻便小型化而服务，为实现 2030 年"碳达峰"、2060 年"碳中和"战略提供强有力的支撑。

硅钢发展中，低成本取向硅钢制造技术面临着两大难题：一是利用连续退火完成再结晶与钢质净化代替长时间的高温退火，二是薄带铸轧直接生产热轧带。

节能降耗上，分析取向硅钢生产工艺流程的变化，影响生产效率与成本的两大环节，一个是前工序由钢水到热轧卷的流程周期，二是由后工序冷轧后经脱碳退火涂 MgO 隔离层后进入高温退火炉，漫长的退火周期。如罩式炉，装炉量 24 吨，需时间 85 小时以上；若环形炉，视装入炉中的钢卷数而定，目前，有的厂炉子直径 60 米，装 120 个卷，卷重在 16 吨左右，需要 150 小时以上。简单来说，即整个退火周期需要一个星期。前工序采用薄带铸轧不仅缩短流程，而且大幅度节能，后工序真正影响时间与能耗的关键工序就是钢卷在炉中处理的时间。从采用不同工艺生产的坯料在全流程主要工序排放的温室气体可推算出对应的能耗，在不同工艺各工序 CO_2 排放量不同，尤其是取向硅钢高温退火炉能耗。

退火工艺上，要想提高效率，最好的办法是开发用连续退火的方法取代罩式炉退火或环形炉退火。这方面国外已进行多年的探索，国内还没有开展研究。关键难点在于：一是二次再结晶从发生到完成所需的时间与温度，二是抑制剂分解完成自身任务后遗留下来的N、S等元素如何消除，即净化需要高温与较长的时间。因此，研究的方向是采用什么样的抑制剂或利用别的能量来作为二次再结晶的驱动力。国内亦有人对现有工艺的产品进行缩短二次再结晶的试验，但是他们所采用的试验工艺线路模仿现场，所需时间均超过1小时，或板温超过1100℃，这就导致无法实现连续退火。新日铁曾以AlN作抑制剂进行过高温连续炉试验，不涂MgO，表面无底层，二次再结晶基本完成，但仍残留更多的初次晶粒孤岛，加上时间短，不易净化除去N，因而磁性低；且板温高于1000℃，成本高，如钢带运行速度为50米/分钟，时间15分钟，则炉长需750米，显然工业化生产是不可能的。2011年11月，《中国冶金报》刊登了一篇有关JFE采用不涂覆退火隔离剂生产取向硅钢的新方法，要点是板坯加热到1250℃热轧，热轧板坯经800~1100℃退火处理，再经二次冷轧工艺，在二次冷轧之间加中间脱碳（或不脱碳）退火，目的是首次再结晶处理之后在700~1000℃进行二次再结晶退火处理，但退火时间必须在5小时以上，随后不采用退火隔离剂进行连续最终退火，处理温度在1100℃以上，退火时间在10分钟以内获得优良磁性，退火气氛可用H_2、Ar等，最终得到产品厚度0.20毫米，其铁损$P_{1.7/50}$在0.584~0.648瓦/千克。该专利中对采用的抑制剂、初次晶粒尺寸和高温净化问题没有阐明清楚，因这涉及二次再结晶的问题。采用不加抑制剂生产取向硅钢对采用连续高温退火更有利，因为不需要高温净化退火，最终退火温度可降低到1050~1100℃。采用二次冷轧法，最终产品磁感B_8=1.80~1.82特斯拉，铁损$P_{1.7/50}$=1.25瓦/千克（0.23毫米）、1.35~1.40瓦/千克（0.30毫米），适合于制造小变压器和磁屏蔽。

意大利Terni公司提出了"AlN+渗氮"的方案，即：脱碳退火和 900~1000 ℃ 渗氮后，在连续炉 $P_{H_2O}/P_{H_2}<0.01$ 的干 N_2+H_2 气氛下，进行 1100 ℃ 保温 15 分钟（0.30 毫米厚）或保温 1 分 40 秒（0.23 毫米厚）的二次再结晶退火+涂 MgO，然后进罩式炉 1200 ℃ 净化约 10 小时，获得的最终产品 0.23 毫米厚的取向硅钢的磁感 B_8 为 1.91 特斯拉，铁损 $P_{1.7/50}$ 为 0.9 瓦/千克。其所以能在连续炉完成二次再结晶，主要理由是：由于高温渗氮处理直接形成 AlN，加强了抑制力，阻碍初次晶粒长大，所以不影响织构形成。

采用薄带铸轧技术生产硅钢的特点是：

优点：利用薄带铸轧技术高效、低成本生产无取向硅钢，提高了冷轧轧机效率。

难点：生产高牌号无取向硅钢要满足以下要求：（1）要求热轧带有良好的板形；（2）焊接技术能保证 Si 的质量分数不小于 3.0% 的钢带焊缝质量，焊缝过轧机不断带；（3）热轧带减薄以后估计对焊缝有利。

目前，利用薄带铸轧技术，中低牌号 50W470 以下的品种已实现连续化生产，生产效率很高。其工序为：铸轧薄带（1.0~1.5 毫米）→酸洗→冷连轧→卷取。宝钢已于 2015 年成功地用酸连轧机生产出 50W270 高牌号无取向硅钢。

建议：我国的"低碳、绿色、协调、创新、开放、共享"发展方针以及"中国制造 2025"这些重大决策，给我们指明了方向。基于以上精神，就冷轧硅钢制造业来说，今后创新的方向肯定是要进一步缩短工艺流程，因而东北大学 E^2Strip 颠覆性的硅钢生产技术正符合产业政策，理应成为首选。为此，应从硅钢技术发展战略层面来认识薄带铸轧技术，抓紧东大技术产业化试验工作，建议如下：

（1）通过产业化、大批量试验，进一步确认磁性与钢带外观质量（如厚度差、表面、板形、边裂等）；（2）进一步明确为适应铸轧薄带后工序相对应采取的工艺与设备，必须建设更有针对性的冷轧厂；（3）通过工业化试验确认薄带铸轧工艺设备的可靠性和稳定性，特别是三大件如侧封板、布流板、结晶辊的使用寿命和更换周期。

就目前各冷轧硅钢生产企业来说，最有条件采用此项技术建产业化生产线的企业是中国最老的冷轧硅钢生产企业——武钢。原因是：（1）武钢有 4 个冷轧硅钢厂，2016 年公司计划停止一硅钢厂生产；（2）由于武钢在 2016 年硅钢总产量将大幅下调，因此，二炼钢厂部分炼钢炉将停产。由于上述两条理由，如在二炼钢现有车间拆除一条厚板坯连铸线，新建东北大学的薄带连续铸轧线（带两台卷取机），可形成年产 40 万吨（2.0~2.5）毫米×1250 毫米×L 的能力，形成一条全新技术的硅钢前工序生产线。二炼钢厂与一硅钢厂结合，将成为世界上首条大型薄带铸轧硅钢生产线。若取得成功，推而广之，武钢的硅钢生产将彻底改变面貌，成为世界上首座高品质、高效率、低能耗、低成本、低排放、最节能的硅钢生产企业。

东北大学开发的极薄带（0.08 毫米）取得了令人十分欣喜的结果，通过进一步优化磁性，有可能与非晶带竞争。目前市场缺的是薄规格高级取向硅钢，宝钢为此专门建了一个专业厂。

要大力支持具有创新精神与经济实力的民营企业进入。具有一定实力的民营企业及富有创新精神的企业家愿意首吃螃蟹，应予以全力支持。2016 年 5 月，东北大学与河北敬业集团正式签订 E^2Strip 薄带铸轧生产硅钢技术转让合同，合同内容包括：硅钢品种、产能、成套设备及工艺技术。合同分两期，第一期主要实现生产出硅钢不同品种的热轧卷，工期限定在 2017 年底。本工艺如达到预定目标，将是中国硅钢生产工艺流程的一场革命。

要进一步促进企业与院校的联合。企业要与大专院校、研究院所密切结合。生产现场与研究院所和学校的技术人员工作重点不同、环境不同，但还是有一批人在理论上做了较深入的研究工作，现场技术人员在实践中积累了丰富经验，如两者结合，将对中国冷轧硅钢生产技术创新有意想不到的效果。

父亲在潜心作画

父亲与母亲交流绘画体会

退休后，父亲每天仍然坚持早上 6 点钟起床。他最心念的就是还想在他奋斗过的炼钢炉前和硅钢轧机前走一走，看一看，只有这样，他心里才感觉到踏实。

2020 年，我的父亲时常感觉到胃部有些隐痛。由于他是个极其乐观的、对工作痴狂的人，起初，身体出现异样并没有引起他足够的重视。直到那年 10 月份，他才肯到医院去做一次全面的检查。而检查的结果却出乎他和所有人的意料。父亲已经确诊患有胃癌，并且到了晚期。11 月 18 日，在武汉同济医院进行了紧急的手术。2020 年 12 月 17 日下午 3 时许，因手术后产生其他并发症，经抢救无效，不幸逝世，享年 90 岁。

"回首向来萧瑟去。归去。也无风雨也无晴。"

父亲与母亲合影

父亲感到最为遗憾的是：他一生从事硅钢事业六十年，他殚精竭虑手写的《硅钢六十年手册》一书，还没有最终完成！

他最为割舍不下的是：他的终身伴侣、我的母亲汪玉燕！两人同甘共苦六十载，相濡以沫，从未吵过架，从未红过脸。

父亲与母亲晚年合影

他感到愧疚的是：他的 3 个孩子！他一生忙于工作，而顾不及他们，让他们吃了太多的苦，承受了太多的难。

父亲最大的业余爱好就是：绘画。这是他一生最热衷的放松和休闲方式。在他的笔下，无论是浓妆重抹，还是轻描淡绘，总寄托了他无限的神思与向往。

父亲最大的希望是：他的晚辈们能够努力地做对社会有价值、有意义的工作，快乐健康地生活。

父亲是不朽的，似秀丽的山川，延绵的大河，浩渺的天宇，辽阔的大海……他这一生，始终保持着旺盛的精力，是一个真正的理想主义者。

父亲生活朴实，灵魂高贵！他犹如我心中的一盏明灯，照亮了我们整个家庭和我人生的道路。父亲，黯然离世了，指引我前行的灯忽然灭了，这世界和我的人生似乎变得黯淡了……

多少日夜，我多想，哪怕只有一次，再看看父亲的背影，听听父亲的教诲。寂寞长空，宙宇悲鸣，唯有以此书纪念我的父亲！

我们幸福的一家人合影

附　　录

附录 1　父亲方泽民历年来主要获奖情况

序号	获奖时间	授奖单位	奖项等级	奖项名称
1	1984 年	湖北省金属学会	贡献奖	二十辊轧机生产极薄带的经济分析
2	1985 年	武汉市人民政府	—	质量管理优秀工作者
3	1988 年	武汉钢铁公司	—	劳动模范
4	1989 年	冶金工业部	特等奖	武钢"一米七"轧机系统新技术开发与创新
5	1990 年	国务院	特等奖	武钢"一米七"轧机系统新技术开发与创新
6	1992 年	国务院	政府特殊津贴	自 1992 年 10 月开始享受终身
7	1993 年	国家专利局		用时效方法生产大小晶粒配置硅钢
8	2002 年	中国工程院 中国科学院	奖励证	中国材料发展现状及迈入新世纪对策
9	2004 年	武汉市	市重大科学技术成果	氩弧搭接焊机开发

序号	获奖时间	授奖单位	奖项等级	奖项名称
10	2007 年	武钢集团	证书与奖金	事业成就奖
11	2007 年	湖北省	特等奖	武钢硅钢技术创新与产业化
12	2008 年	冶金部	特等奖	武钢硅钢品种与制造技术创新
13	2008 年	国务院	一等奖	武钢取向硅钢制造自主创新与产业化
14	2009 年	武钢集团	一等奖	提高含铜硅钢电磁性能与底层质量的生产方法
15	2009 年	武汉市	一等奖	提高含铜硅钢电磁性能与底层质量的生产方法
16	2009 年	国家专利局	中国专利金奖	提高含铜硅钢电磁性能与底层质量的生产方法
17	2011 年	武钢集团	特殊贡献奖	为武钢生产经营与改革发展作出特殊贡献
18	2012 年	湖北省	一等奖	铸坯低温加热型高磁感取向硅钢制造技术研究与开发
19	2013 年	武钢集团	一等奖	铸坯低温加热型高磁感取向硅钢制造技术研究与开发
20	2013 年	武钢集团	一等奖	取向硅钢激光刻痕工艺技术研究与产业化
21	2013 年	中国金属学会电工钢分会	突出贡献奖	中国电工钢产业六十年（1952～2013 年）突出贡献者
22	2013 年	武钢集团	育才伯乐奖	—
23	2014 年	冶金部	一等奖	取向硅钢激光刻痕工艺技术研究与产业化

附录 2 父亲方泽民部分绘画作品

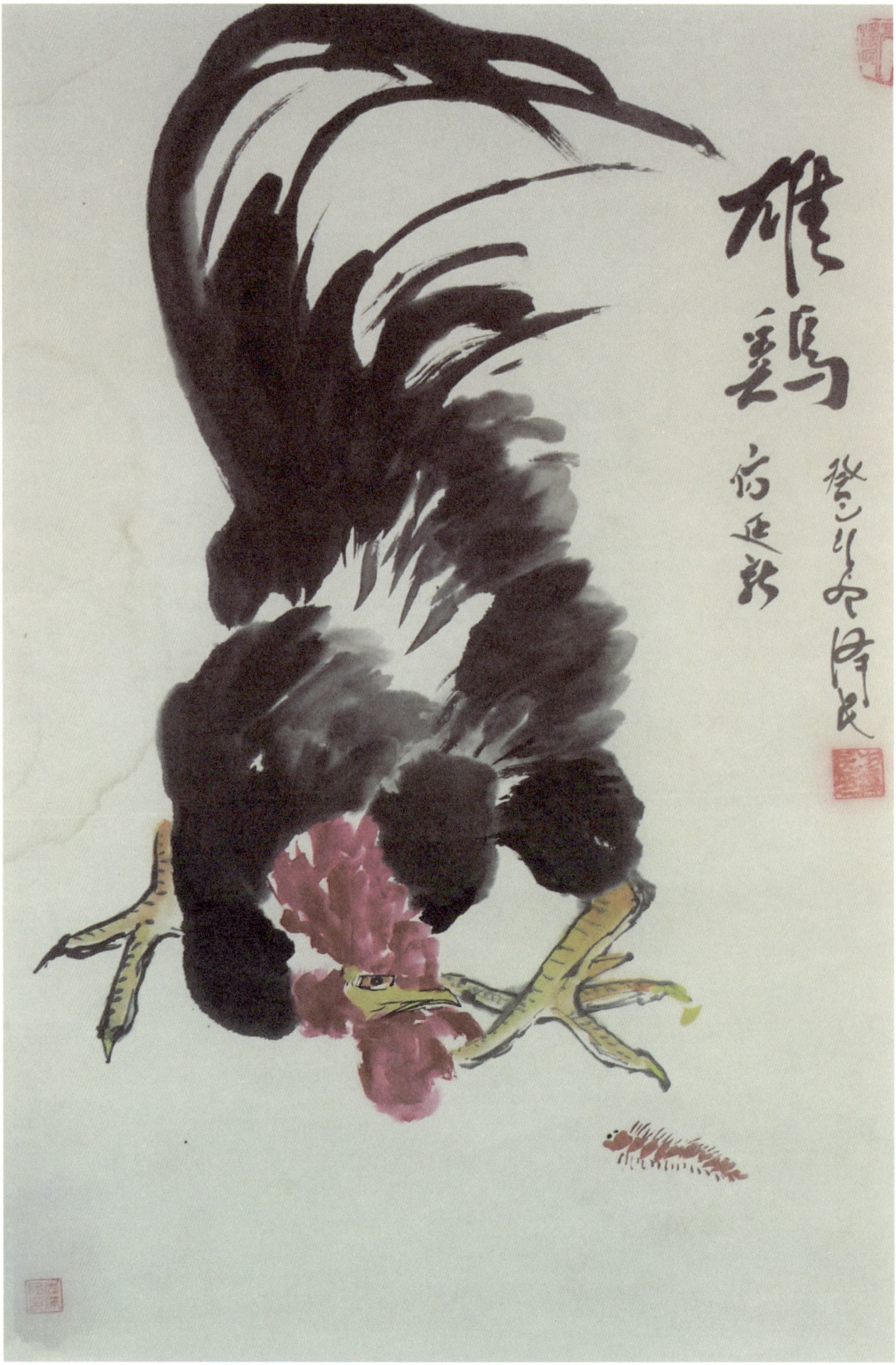
雄鷄

虚心挺拔节～向上
二〇一六年丙申方泽民写于
北京海淀常青园

老朽八夫方健民正于北京

后　　记

　　方泽民先生是我国冷轧硅钢事业发展的亲历者和有杰出贡献的组织者之一。在六十余年的岁月里，他忘我地工作，情系我国冷轧硅钢事业的诞生、成长和发展壮大，直至生命的最后一刻。

　　从 1952 年太原钢铁厂研制出热轧硅钢至今，我国硅钢事业已经走过了 70 多年。方泽民先生从 1954 年开始在鞍钢从事热轧硅钢的建设、生产和技术研究工作，并于 1974 年开始从事武钢冷轧硅钢的工程建设、生产和技术研究工作，对硅钢的持续研究长达 60 余年。方先生去世前，曾留下了一个手稿，记录的是他对中国冷轧硅钢事业发展的一些技术性的总结和深度的思考。他想把这些积累的成果汇集成一个工具手册，以便后继者学习和借鉴。然而，却未能如愿。

　　"革命尚有后继者。"方先生去世近三年后，为实现方先生的遗愿，在方先生子女的积极运作和原武钢硅钢厂陶济群、陈卓等一些老同事的支持下，大家决心帮助方先生实现他人生的凤愿。

　　怎么样把一篇纯技术性的总结和思考性的文章，演化成一个纪实性的人物传记文学作品，着实是有许多难题和烦琐的工作要做的。第一个困难，就是要克服方先生原书稿中图表甚多、专业性太强、不易被一般的读者所接受的现实，但又必须保持方先生原稿的内容不变动。第二个困难，就是要把方先生人生中经历的苦难历程和励志故事挖掘出来。而方先生已经故去，知道他的故事的人也大多已经故去，健在的人极少，而且年龄均在九十岁左右；这些人又分散于全国各地，采访难，让他们回忆和方先生在一起共事时的故事和细节更是难以实现。我们尽力地去做了。第三个困难，就是怎样把采集到的有关方先生的典型性事件和故事与方先生的遗稿内容相结合的问题。因为文学作品中的人物必须是鲜活的，故事是要有温情的，而纯技术性的文稿是专业性极强的、图表化的，内容是严谨而生冷的。为了尊重和保持方先生手稿的内容，我们只能最大限度地将他遗稿中的图表转变成文字，再与他的成长经历二者相结合。

然而，真正对写作有作用的内容终究还是深藏在方先生生前的书房里。在他遗留下来的故纸堆中，我们一次又一次地发现了许多有价值的、有生命力的内容。就是在一些散乱零碎的、看似相互不关联的文字中，虽然只有只言片语，或许只是用红笔或者铅笔写下的潦草的几个字，却使我们在阅读中细微地发现了关联，感悟到了方先生生前日常点滴的所思所想和由此在他脑海里产生的思想火花以及那些触及灵感和魂魄的思虑……

毋庸置疑，方先生的一生是励志的，是勤勉的，是爱党爱国、爱厂爱岗、无比敬业的，但也是备受压抑的，谨小慎微的，因为在他的前半生，一直受到了家庭出身的羁绊和困扰，生命中好像总有一只无形的手阻挡着他前进的步履。

方先生是经历过痛苦和磨难，然而身上却始终保持着朝气和理想的人。他无论身处何处，都始终保持着昂扬的向上爬坡的姿态。他从不怠慢和放任自己。无论身处何地或何种境遇，他身上始终保持着新中国第一代知识分子固有的求真、务实、求知的秉性，并用一生践行了一个知识分子应有的品德和人格。他身上浓缩了那一代知识分子跌宕起伏的坎坷命运和生活的蝶变。可以说，国运盛，他亦兴。没有中国的改革开放，就没有他的一切成就。

方先生是个有理想、有抱负且兴趣广泛的人。他始终坚守着对国家和家庭的忠诚、责任与担当。无论在多么无奈和窘迫的状态下，他从不失做人和做事的底线。平生多贡献于企业，无愧于家人。

方先生是个感情丰富却很纯粹的人。他始终不忘生命中曾给予他帮助的贵人。他们中间有共患难的工友兄弟，有困难中伸出援手的老同事和老同学，还有提携和重用过他的伯乐们。

他用他的一生践行了中国古代的著名诗句："春蚕到死丝方尽，蜡炬成灰泪始干。"

在这里，我们由衷地感谢在本书的采写过程中给予极大帮助的相关人员。他们是：孙竹、江勇、王杰、曹阳、胡守天、赵宇、裴大荣、赵永辉、夏培德、祝洪喜、李九岭、魏京桥、计甫祥、郭小龙、龚海菊、田文洲、朱业超、牛琳霞、吴建喻、刘婷、张凤泉、康斌等以及日本硅钢专家西阪博司。正因为有了他们有力的支持和真诚的帮助，我们方能共同了却方泽民先生生前的这个愿望。

本书在写作过程中，由于时间仓促和我们的能力及水平限制，加之时间跨度大，能收集到和可用的素材实在稀缺且珍贵，因此，难免有些许遗憾和不足之处，望大家能够多海涵并提宝贵意见！

常恩满

2024 年 2 月